DON BOSCO
VERLAG

Meinen Kindern Franziska und Egid
und meiner Patentochter Riccarda

Rudolf Seitz

Erzieherin
zwischen Lust und Frust

Ermutigungen
für einen herausfordernden Beruf

DON BOSCO

Die Deutsche Bibliothek – CIP-Einheitsaufnahme

Seitz, Rudolf:
Erzieherin zwischen Lust und Frust : Ermutigungen
für einen herausfordernden Beruf / Rudolf Seitz. –
1. Aufl. – München : Don Bosco, 1998
   ISBN 3-7698-1105-4

1. Auflage 1998 / ISBN 3-7698-1105-4
© 1998 Don Bosco Verlag, München
Umschlag: Margret Russer
Fotos und Zeichnungen: Rudolf Seitz
Satz: Fotosatz Miehle, Augsburg
Druck und Bindearbeiten: Don Bosco Grafischer Betrieb,
Ensdorf

Inhalt

Inhalt

Erziehung – wohin?

Vorwort

»Wenn die Wälder in Flammen stehen,
hüte die Rosen.
Wenn die Welt in Flammen steht,
hüte die Kinder.
Was wäre die Welt ohne die Kinder,
ohne die Blumen ...«

Aus dem Oratorium auf Janusz Korczak
von Norbert Kuznik und Jaroslav Lisiecki

Die Welt steht wahrlich in Flammen. Wer die Kinder hütet, fühlt sich oft auf verlorenem Posten. Hoffen wir, daß unsere Kinder und wir niemals in eine ähnliche Situation kommen wie Janusz Korczak. Er hat aber durch sein Verhalten ein Beispiel gesetzt, das wir nie vergessen dürfen.

Wieviele Kinder dieser Erde mußten und müssen diesen bitteren Weg gehen.

Die Richtung bleibt für uns klar: Wir sind die Hüterinnen unserer Kinder, wir tragen für sie Verantwortung und begleiten sie auf einem Stück ihres Lebensweges. Wir sind für

sie da und versuchen, an einer Zukunft mit-
zugestalten, in der sie *ihren* Platz finden
können.

Dabei wird uns diese Aufgabe alles andere
als leicht gemacht. Die Arbeitsbedingungen
werden immer komplizierter und schwieriger,
die Mittel gekürzt, die Gruppen größer, die
Arbeitszeiten verlängert. Mich begeistern die
Erzieherinnen immer wieder, die wie Felsen
in der Brandung stehen, oft verhöhnt, ver-
kannt, verspottet, nicht gerade fürstlich bezahlt, von der Gesellschaft ungerecht einge-
schätzt, mit minimalen Aufstiegschancen,
aber getragen von ihrer Liebe zu den Kindern. Für sie opfern sie sich auf, kämpfen,
argumentieren, studieren und besuchen
Fortbildungen, obwohl ihre Freizeit dadurch
noch mehr schrumpft.

Dieses Buch soll ihnen Mut machen, nicht
aufzugeben, sich weiterhin schützend vor
ihre Kinder zu stellen und sie mit Phantasie
und Kreativität nicht nur auf ihre Welt vor-
zubereiten, sondern diese als kleine Welt –
erlernbar – in ihre Kindertagesstätten zu
holen. Es soll sie ermutigen, die Geduld, die

Ausdauer und Zähigkeit nicht zu verlieren, auch wenn sie dabei oft außer Atem geraten. Sie müssen wissen, daß sie nicht alleine sind, daß es viele Kolleginnen gibt, die genauso denken wie sie und auch genauso für ihre Kinder kämpfen.

Dieses Buch hilft mit, über den Erzieherberuf, über seine Situation und Aufgaben, über die Partnerinnen im Team, über die Kinder und über die Eltern nachzudenken und über ein Verstehen Wege zur Zusammenarbeit zu suchen.

Es gibt auch Anregungen, was man unternehmen kann, wenn einem »die Decke auf den Kopf fällt«, wenn man meint, es ginge nicht mehr, wenn die Überanstrengung das Ziel verdunkelt. Vielleicht kann man so seine persönliche Mitte wiederfinden und für sich und seine Kinder die Gegenwärtigkeit und das augenblickliche Glück wieder zurückerobern.

Ich möchte nicht leugnen, daß hinter diesen Zeilen mein vielleicht utopischer, aber unerschütterlicher Glaube steht an eine

Gesellschaft, in der Menschen wie Menschen miteinander umgehen, in der Solidarität, Hilfsbereitschaft, Friedfertigkeit und Toleranz keine leeren Worte sind und wo es andere Wege der Konfliktbewältigung gibt als Brutalität und Gewalt. Ich glaube auch daran, daß ein erfülltes Leben Drogen, Alkohol, aber auch Ideologien nicht braucht und überflüssig macht. Nur bekommen wir diese Gesellschaft nicht umsonst. Schon der Weg dorthin erfordert unseren vollen Einsatz.

Ich bin froh, daß ich auf diesem Weg nicht allein bin. So viele Erzieherinnen aus dem gesamten deutschsprachigen Raum und viele aus anderen Ländern durfte ich kennenlernen, die bei solchen Überlegungen konkret mitgedacht haben; sie waren mir Vorbild und Bestätigung. Am meisten habe ich gelernt von den vielen Kindern, mit denen ich seit 1968 in den Kindergärten vor allem meiner Heimatstadt München, aber auch in den »Schulen der Phantasie« und den Kinderakademien arbeiten durfte. Ihnen allen möchte ich herzlich danken. Auch meiner Tochter

Franzi und meiner Frau möchte ich für die Unterstützung danken.

Jetzt wird es aber höchste Zeit, daß ich mich entschuldige. Hier ist immer von Erzieherinnen die Rede. Erfreulicherweise gibt es auch - wenn auch noch viel zu selten – Erzieher. Sie muß ich bitten, diese einseitige Bezeichnung zu ertragen, wie die Frauen über Jahrhunderte die männlichen Berufsbezeichnungen tolerieren mußten, auch wenn sie als Frauen gemeint waren. Das Buch wäre zu schwerfällig geworden, wenn es immer »Erzieherinnen und Erzieher« geheißen hätte, und Schreibweisen wie »ErzieherInnen« sind für mich ein fauler Kompromiß, der einem sprachlich zudem im Magen liegt.

Ich finde das Ganze auch nicht so schlimm. Als ich am Anfang im Kindergarten tätig war, sagten die Kinder immer »Fräulein« zu mir. Ein Junge nahm mich »von Mann zu Mann« verständnisvoll zur Seite und fragte mich: »Sag mal, willst du später auch Kindergartentante werden?«

Danken muß ich noch, daß ich verschiedene Zitate übernehmen durfte, z.B. die Korczak-Haikus meines japanischen Freundes und Korczak-Spezialisten Jiri Kondo.

Die Gedichte von Bai Juyi habe ich aus dem Englischen übersetzt. Ich habe diesen Dichter in Hangdschou (China) entdeckt, wo er um das Jahr 800 Gouverneur war. Er zeigte mir, daß der zivilisatorische Fortschritt für die eigentlichen menschlichen Bedürfnisse nichts bedeutet.

Danken möchte ich zwei sehr lieben Kolleginnen, die mir Briefe geschrieben haben, die ich hier veröffentlichen darf: Dr. Anne Schäffer, die in München ein sehr wirkungsvolles und bekanntes Institut für Atemtherapie leitet, und der vielseitigen, außerordentlich engagierten Krankengymnastin Tanja Wanneser, deren mitreißende Fröhlichkeit mir schon über manche Untiefe hinweggeholfen hat. Beide sprechen mich mit »Rul« an, meinem Spitznamen. Wer mehr über diesen Rul erfahren will, müßte mein kleines Buch »Schöpferische Pausen« in die Hand nehmen.

Last, but not least, danke ich aus ganzem Herzen Elke Neumann, die wieder mit Umsicht, Geduld und nie versiegendem Humor das Manuskript versorgt hat. Das ist nicht leicht, weil ich so altmodisch bin und Manuskript wörtlich übersetze und noch immer mit der Hand schreibe.

Jetzt aber ...

Wie sagte mein Sohn Egid: »Denk nicht immer nach. Tu endlich was!«

In diesem Sinne!

Rudolf Seitz

Meine Person, meine Rolle

Warum bin ich denn Erzieherin geworden?

*»Die Leute haben Sterne, aber es sind
nicht die gleichen. Für die einen, die reisen,
sind die Sterne Führer. Für andere sind sie
nichts als kleine Lichter. Für wieder andere,
die Gelehrten, sind sie Probleme. Für meinen
Geschäftsmann waren sie Gold. Aber alle
diese Sterne schweigen. Du, du wirst
Sterne haben, wie sie niemand hat ...
Wenn du bei Nacht den Himmel anschaust,
wird es dir sein, als lachten alle Sterne,
weil ich auf einem von ihnen wohne, weil
ich auf einem von ihnen lache. Du allein
wirst Sterne haben, die lachen können.«*

Antoine de Saint-Exupéry, Der Kleine Prinz
© 1950 und 1998 Karl Rauch Verlag, Düsseldorf

Viele Menschen quälen sich mit ihrer Berufs-
wahl herum. Haben sie endlich einen Beruf
gefunden, meinen sie, es sei der falsche.

*Was wollte ich
eigentlich einmal ...?*

Ich habe fast nie Erzieherinnen getroffen, die ihren Beruf aus Verlegenheit gewählt haben. Viele wußten schon sehr früh: Ich möchte mit Kindern arbeiten. Eine Erzieherin aus Österreich schildert das so:

»Es begann schon im Kleinkindalter: Ich hatte bis zu 13, 14 Puppen und spielte tagtäglich damit. Ich spielte unzählige Probleme mit dieser Puppengruppe durch und versuchte sie zu lösen ...

Ich liebe das Kindsein, das unverdorbene Ur-Denken und Fühlen des Kindes.«

Von Zeit zu Zeit sollte man sich einmal rückbesinnen, wie das alles angefangen hatte. War es ein langer Prozeß, eine konsequente Entwicklung, war es ein Schlüsselerlebnis? Manchmal begegnet man Menschen, die einem sehr imponieren. Man beobachtet sie, hält sich in ihrer Nähe auf, spürt ihre Reaktionen, ihr Umgehen mit anderen Menschen, ihr Verhalten in bestimmten Situationen. Unabweisbar reift dabei der Entschluß: So möchte ich auch sein ...

Manche erinnern sich nicht gerne an ihre Kindheit. »Ich möchte meinen eigenen Leidensweg in meiner Kindheit transformieren – ich kann gestörte Kinder sehr gut verstehen. – Ich wollte die Liebe meiner Eltern durch meine Karriere erzwingen (ging leider nicht), wollte eine Heilige auf Erden werden (ging auch nicht), wollte wenigstens von den Kindern geliebt werden (hat geklappt), wollte und will ein guter Mensch sein (gelingt selten), will lachen und fröhlich sein (gelingt immer öfter, speziell mit Kindern) ...« Wieviel Leid, Trauer, Wehmut und Sehnsucht spricht aus dieser Aussage. Aber auch welcher Wille, mit beizutragen, daß es die Kinder besser haben sollen und man selbst – mit ihnen – auch.

Wir sind alle auf dem Weg. Nichts ist endgültig. Wir sind durch unsere pädagogischen Berufe sehr gefordert. Hier gibt es kein Verstellen, kein Ausweichen. Die Verantwortung kann uns niemand abnehmen. »Wir sind zeitlebens für das verantwortlich, was wir uns vertraut gemacht haben«, sagt uns der Fuchs im »kleinen Prinzen«. Und unsere Hoffnung formuliert er auch: »Die Zeit, die du für deine Rose verloren hast, sie macht deine Rose so wichtig.« – Die Zeit, die wir für unsere Kinder verloren haben ...

Warum sind Sie das geworden, was Sie sind? – Erzieherin? »Ich bin nicht Erzieherin, sondern Begleiterin von Kindern auf einem Teil ihres Weges. Dies macht mir Freude, weil man dem Kind ermöglichen bzw. erleichtern kann, *es selbst* zu bleiben/zu werden!«

»Alle großen Leute sind einmal Kinder gewesen (aber wenige erinnern sich daran)«, heißt es in der Widmung des »kleinen Prinzen«.

Unsere unglaubliche Chance besteht darin, daß wir uns gar nicht besonders zu erinnern brauchen; wir sind mittendrin, die Kinder nehmen uns an der Hand und führen uns. Sie wissen, daß wir für sie da sind, daß wir sie mögen, achten und auch schützen, wenn nötig. Und wir versuchen, sie zu sich selbst, in ihre und unsere Zukunft zu begleiten.

Was sollen meine Kinder von mir lernen?

Kurz vor dem Staatsexamen habe ich oft meine Studentinnen und Studenten gebeten, in einer ruhigen Minute einmal darüber nachzudenken, was sie in ihrem Beruf später einmal bewirken wollen. Was sollen die Kinder und Jugendlichen davon haben, daß sie ein paar Jahre mit mir zusammen sind und mit mir lernen und arbeiten? Was sollen sie von mir lernen? Möchte ich sie auf ein be-

stimmtes Bild vom Menschen hinführen? Auf welches? Kann ich diesen Menschen beschreiben? Wie verhält er sich unter anderen Menschen, in der Gesellschaft? Wie sieht diese Gesellschaft aus? Welchen Sinn hat unser Leben? Welche ethischen Werte sind in meiner Erziehung von Bedeutung?

Das war immer eine harte Aufgabe, wenn man sie ernst nahm. Man mußte allein sein, wandern, in Ruhe irgendwo sitzen und nachdenken. Es wurde immer ein Erkenntnisweg nach innen und außen, zum Ich und zum Du.

Ich bat meine Studenten, das alles auf ein Blatt Papier zu schreiben und in eine Schublade zu legen. Später, irgendwann, würde es wieder auftauchen und einem klarmachen: Das hast du einmal gewollt, das hast du dir vorgenommen.

Manche Kolleginnen und Kollegen haben mir berichtet, daß sie regelrecht erschrocken sind, als sie so unvermittelt mit ihren jugendlichen Idealen konfrontiert wurden. Was ist daraus geworden? Hat uns der Alltag müde und mürbe gemacht? Haben wir so viele Pflichten und Verpflichtungen, daß wir zu alledem gar keine Zeit mehr haben? Oder ist alles noch so lebendig wie damals? Haben wir uns einschüchtern lassen, oder hat uns die Arbeit Kraft gebracht?

Ich meine, daß es unser ganzes Berufsleben lang wichtig sein wird, daß wir unsere Ideale

nicht vergessen und sie notfalls »wieder ein-
sammeln«. Pädagoginnen und Pädagogen
brauchen Visionen, sie müssen einen Traum
hegen von einer Welt, auf der Menschen miteinander leben können und wollen, wo Toleranz, Hilfsbereitschaft und Solidarität mit
Schwächeren selbstverständlich sind, wo die
Menschenrechte und die Rechte der Kinder
als Basis einer Gesellschaft gelten und notfalls verteidigt werden und wo man nicht
vergißt, daß das Streben nach Glück und
Erfüllung erfolgreich sein kann.

Nur eine vielleicht utopische Vision kann
uns die Kraft geben, gegen Ungerechtigkeit,
Gleichgültigkeit, Gewalt und Lieblosigkeit ins
Feld zu ziehen und uns als Person existenti-
ell einzusetzen.

Ich habe auch österreichische Erzieherinnen während eines Seminars gebeten, aufzuschreiben, was ihre Kinder ihrer Meinung
nach von ihnen lernen sollten:

»Sie sollen Selbstvertrauen lernen, Ermuti-
gung erfahren und Freude am Leben finden.«

»Sie sollen lernen, sich gegenseitig zu
schätzen und zu respektieren. Sie sollen eine

23

gute Gemeinschaft erleben, in der man miteinander reden und zuhören kann.«

»Achtung vor anderen Menschen«.

»Sie sollen wissen: ich bin ein wichtiger Bestandteil in der Gruppe.«

»Sie sollen eine eigene Meinung haben, sie äußern, aber auch begründen können.«

»Sie sollen Fähigkeiten und Kenntnisse erwerben, aber nicht perfekt werden.«

»Sie sollen spüren: Es gibt keine Fehler, du kannst alles immer wieder verwandeln.«

»Ich kann was! (Stärkung der Stärken der Kinder).«

»Sie sollen lernen, Balance zu halten zwischen Grenzen und Freiheit, Liebe und Respekt.«

»Sie sollen begeistert werden und sein.«

»Sie sollen die Natur kennenlernen, schätzen und achten.«

»Wecken der Ehrfurcht vor der Natur, das Offensein für die sie umgebende Welt.«

»Sie sollen lernen, für ihre Vorstellungen eintreten zu können, auch wenn sie anders sind, aber auch das Anderssein ihres Gegenübers zu respektieren.«

»Sie sollen Fehler machen dürfen und Fehler als etwas Positives erleben (als Weg zur Weiterentwicklung).«

»Ich möchte Kinder ermutigen, tolerant zu sich und anderen zu sein, möglichst oft eigene Lösungen zu finden, sich mit anderen/anderem auseinanderzusetzen, selbständig zu sein. Kinder sollen durch mich im Zusammenwirken mit den Eltern das Gefühl haben, angenommen zu sein, so wie sie sind! Ich möchte ihnen Raum zur Entfaltung bieten, damit sie sich später gefestigt auf Situationen einlassen können. Die »breite Gesellschaft« macht es jungen Menschen nicht leicht, sie selbst zu bleiben (Schule, Beruf ...).

Gleichzeitig möchte ich den betroffenen Eltern Mut zum Loslassen machen, damit sie ihre Kinder *wirklich* als eigenständige Wesen akzeptieren (auch wenn dies manchmal schwierig auszuhalten ist).«

Mich haben diese Aufzeichnungen sehr hoffnungsvoll gestimmt. Mir ist aber auch klargeworden, daß wir an der Reckstange unserer Ideale eigentlich täglich den Klimmzug üben sollten.

Die Rechte der Kinder

*Das Recht auf Gleichheit, unabhängig
von Rasse, Religion, Herkommen,
Geschlecht.
Das Recht auf eine gesunde
geistige und körperliche Entwicklung.
Das Recht auf einen Namen und eine
Staatszugehörigkeit.
Das Recht auf genügende Ernährung,
Wohnung und ärztliche Betreuung.
Das Recht auf besondere Betreuung,
wenn es behindert ist.
Das Recht auf Liebe, Verständnis
und Fürsorge.
Das Recht auf unentgeltlichen Unterricht,
auf Spiel und Erholung.
Das Recht auf sofortige Hilfe
bei Katastrophen und Notlagen.
Das Recht auf Schutz vor Grausamkeit,
Vernachlässigung und Notlagen.
Das Recht auf Schutz vor Verfolgung und
auf eine Erziehung im Geiste weltumspan-
nender Brüderlichkeit und des Friedens.*

Erklärung der Vereinten Nationen vom 20. 11. 1959

26

Wie sehe ich meinen Beruf heute?

Wenn ich heute meinen Berufsalltag betrachte, wie weit haben die Träume getragen? Waren die Wünsche, Sehnsüchte, Erwartungen zu realitätsfern? Hat meine Ausbildung mich auf *meinem* Weg unterstützt, oder bin ich dadurch eine andere geworden? Bin ich ich selbst in meinem Beruf? Fühle ich mich wohl? Bin ich gerne Erzieherin? Arbeite ich gerne mit den Kolleginnen zusammen oder mit den Eltern? Findet ein Austausch statt? Fühle ich mich verstanden und unterstützt?

Ich habe die Erzieherinnen meines Münchner Arbeitskreises gebeten, mir aufzuschreiben, was sie heute – nach einer ganzen Reihe von Berufsjahren – an ihrem Beruf gerne haben und was sie gar nicht schätzen:

Positiv:
Ich mag die Ehrlichkeit der Kinder.
Die freie Planung.
Ich kann flexibel sein.
Mit den Kindern Blödsinn machen.

Die Möglichkeit zu experimentieren.

Ich kann meine Hobbys, Fähigkeiten und Vorhaben voll und ganz einbringen.

Ich kann Phantasie und Kreativität ausleben.

Ich kann viel Freude erleben.

Ich kann Geben und Nehmen erfahren.

Ich mag die Kinder.

Ich mag beim Essen mit den Kindern plaudern.

Ich beobachte gerne, wenn ein Kind sich intensiv und konzentriert beschäftigt.

Ich höre gerne, wenn Kinder singen.

Es gefällt mir, mit Kindern zu spielen und etwas mit ihnen zu entdecken.

Umgang mit Menschen.

Selbständiges Arbeiten.

Die Freude, die mir die Kinder entgegenbringen.

Das spontane Handeln.

Ich kann jeden Tag sehen, wie sich die Kinder weiterentwickeln und verändern.

Gemeinschaft.

Ich kann am Leben der Kinder teilhaben.

Abwechslung bei der Arbeit.

Ich mag mit den Kindern musizieren,
  singen, tanzen, turnen, Ausflüge machen
  und Geschichten vorlesen.
Gemütlich beisammensitzen.
Ich freue mich über strahlende, lachende
  Augen der Kinder.
Wenn mich ein Kind in die Arme nimmt
  und drückt.
Ideenreichtum der Kinder.
Die immer spannende Arbeit.
Die Möglichkeit, Schwerpunkte nach Bedarf
  der Kinder selbst wählen zu können.
Erklärungen über die Natur.
Gespräche über die Dinge des Lebens.
Basteln und Werken.
Rhythmisches Turnen und Hinführung zur
  klassischen Musik und Oper.
Feste.
Rückmeldungen der Eltern.
Ständige Konfrontation mit neuen
  Erfahrungen und Situationen
Ich kann viel »Neues« erproben.
Mißerfolg und Erfolg spürt man sehr direkt.
Gespräche führen.
Theater spielen.

Die Welt des Kindes insgesamt.

Art der Auseinandersetzung, Emotionen,
Gefühle, Reaktionen.

Lernfreudigkeit und Vielseitigkeit.

Die Spontaneität der Kinder bringt mich
dazu, auch spontan zu sein.

Ich bin »gezwungen«, jung zu bleiben, um
mithalten zu können.

In der Frühe, wenn die Kinder die Türe
aufmachen und lachend hereinkommen,
vergesse ich alles Unangenehme.

Meine Kreativität und Phantasie
werden immer wieder angeregt.

Arbeit und Austausch
mit Kollegen und Eltern.

Man kann nicht »einrosten«,
weder körperlich noch geistig.

Hilft bei der eigenen
Weiterentwicklung.

Ideen aufgreifen.

Kindermund.

Die Fröhlichkeit.

Jeder Tag ist *neu.*

Der große Freiraum.

Raum für viele Aktionen.

Negativ

Überzogene Forderungen der Eltern an ihre
  Kinder und Erzieher.

Immer wiederkehrende Routine wie z.B.
  Laternen basteln und Ostereier anmalen
  (Erwartungshaltung der Eltern).

Ich hasse es, wenn es Väter eilig haben
  und annehmen, *ich* müßte Hausschuhe,
  Turnsachen usw. suchen und finden.

Wenn irgend jemand die Ausführung
  unserer Ideen bremst.

Petzende Kinder.

Küchendienst.

Elterndiskussionen.

Mitarbeiterintrigen.

Lärm.

Verwaltungsarbeit.

25 Kinder in der Gruppe.

Jeden Tag aufräumen.

»Dumme« Kolleginnen.

Daß es keinen Malraum gibt.

Problemarbeit mit
  Eltern morgens.

Viele Telefonanrufe.

Trennungen.

Auffällige Kinder, die stören und mehr Zeit
  bräuchten.
Wenn ich bei meiner Arbeit gestört werde.
Freche und dumme Antworten der Kinder.
Mütter, die ihre Kinder in Watte packen.
Abrechnung – muß aber sein.
Geringschätzung des Berufs.
»Gschaftlhuber«-Elternbeiräte.
Daß viele denken, in dem Beruf mitreden
  zu können, weil Kindererziehung so
  nebenbei geht und »jeder« es weiß.
Mangel an Aushilfen (bei Krankheit).
Ständig um alles betteln zu müssen.
Daß alles auf die Vorbereitungszeit
  gerechnet wird.
Wenn Kinder zu spät abgeholt werden.
Ewiges Konfliktlösen bei den Eltern.
Zu wenig Zeit haben für die Nöte der Kinder.
Mauern, die nicht nötig sind.
»Überschwemmung« jeden Tag im Bad.
Immer neue Vorschriften.
Unmutige, frustrierte, gequälte Kolleginnen.
Mäkelnde, alles besser wissende Eltern.
Die Forderungen, die Eltern an mich stellen.
Neid der Kolleginnen.

Meine Gewissenserforschung

War das heute für meine Kinder ein guter
   Tag? (Wenn nicht – warum?)
War es für mich ein schöner Tag mit den
   Kindern?
Wurde viel gelacht, erzählt, gesungen,
   gespielt, getanzt?
Haben die Kinder spüren können, daß ich
   sie sehr gerne mag und ernst nehme?

Bei welchen Kindern ist es mir geglückt,
das Selbstbewußtsein zu stärken?

Welche fielen mir besonders auf?

Welche Kinder konnten vor der Gruppe
zeigen, welche Fähigkeiten sie haben?

War ich für meine Kinder langweilig?

Haben meine »Mauerblümchen« eine
Chance bekommen?

Haben Kinder mit starken Gefühlsaus-
brüchen (Wut, Eifersucht, Trauer usw.)
Zeit bekommen, sich zu beruhigen?

Habe ich dabei geholfen?

War ich trostreich und hilfreich?

Haben die Kinder durch mich heute
Anregungen bekommen, Dinge und
Zusammenhänge anders zu sehen?

Haben die Kinder ihre Sinne intensiv
nützen können?

Ist es mir geglückt, das Gefühl der »family
of men«, der Familie *aller* Menschen, zu
erzeugen?

Hatten Phantasie und Kreativität meiner
Kinder eine Chance?

Gab ich Anregungen zu Solidarität, Hilfsbereitschaft und Zusammenarbeit?

Wie bin ich mit den Problemen der
  verschiedenen Sprachen, Kulturen und
  Religionen zurechtgekommen?

Hatten die Kinder Möglichkeiten, selbst
  Dinge zu entwickeln, zu erfinden und zu
  entscheiden, oder war ich stets im Mittel-
  punkt?

Haben Kinder durch mich heute Ängste
  verloren und Mut gefaßt?

Wie bin ich mit Aggressionen umgegangen?

Habe ich heute ein Kind ungerecht
  behandelt?

Habe ich eines übersehen? Wie habe ich
  mich dann verhalten?

Gab es genügend Spiele auch für den
  sozialen Bereich?

War ich gut genug vorbereitet?

War ich gut gelaunt?

Haben davon die Kinder, die Eltern,
  die Kolleginnen etwas gehabt?

Habe ich das Recht der Kinder auf ihr
  augenblickliches Glück wirklich beachtet
  oder habe ich mich vom allgemeinen
  Ehrgeiz anstecken lassen?

Was werde ich morgen anders machen?

Als der liebe Gott die Erzieherin erschuf

Der liebe Gott legte die Stirne in Falten und dachte lange nach. Er hatte eine ganz außerordentlich schwierige Aufgabe vor, das wußte er. Einfach so einen Menschen zu erschaffen, als Mann oder Frau, das war nicht extrem schwierig. Dafür würde ihm der sechste Tag reichen. Aber eine Erzieherin ...

Sorgenvoll betrachtete ihn Petrus. Er fühlte, es braute sich etwas zusammen, was ohne Beispiel war.

Schließlich erhob sich der liebe Gott, rief Petrus zu Hilfe, hob den Finger und sagte: »Ich erschaffe die Erzieherin. Wir werden dazu zwei Tage brauchen. Eine Assistentin wäre dazu dringend nötig. Aber nachdem ich leider noch keine Petra habe, mußt du, Petrus, mich dabei unterstützen.

Beginnen wir mit dem fünften Tag, an dem ich die Tiere erschuf. Wir brauchen jetzt:
Die Leichtigkeit der Vögel.
Die Schwimmkraft der Fische.
Die Geduld der Schnecke.
Die Ausdauer des Esels.

Die Wendigkeit der Schlange.
Die Kraft der Ochsen.
Die Schnelligkeit der Geparden.
Den Einfallsreichtum der Affen.
Die Opferbereitschaft der Pelikane.
Die Aufmerksamkeit der Katzen.
Die Gelassenheit der Elefanten.

Mixe bitte alles zusammen.«

Petrus tat wie geheißen, und es ergab eine erstaunliche Mixtur.

»Jetzt, lieber Petrus, brauchen wir:
Viel Achtsamkeit des Herzens.
Soziale Feinfühligkeit.
Zuneigung.
Mitteilungsfähigkeit.
Phantasie und Kreativität.
Mitgefühl.
Spielbereitschaft.
Mut.
Teamfähigkeit.

Hast Du alles, Petrus?«

Petrus bejahte.

»Jetzt kommen noch die Feinheiten:
Fachliche Kompetenz.
Lernbereitschaft.

Kenntnisse zur Konfliktlösung,
zur Erziehungsberatung,
zur Eltern- und Partnerschaftsberatung.
Kenntnisse auf den Gebieten
Psychologie und Medizin,
Philosophie und Pädagogik,
Ökologie und Theologie,
Management und Verwaltung.

Hast Du alles, Petrus?«

Petrus hatte alles. Es war ein duftendes, buntes, aber auch explosives Gemisch geworden.

Und nun begann die eigentliche Arbeit des Schöpfers. Er umhüllte das Ganze mit einer hübschen, wohlgestalteten weiblichen Figur. Mit Wohlgefallen betrachtete der liebe Gott das Ergebnis seiner Arbeit. Alles war bestens geglückt. Er war sehr zufrieden. Es war doch gut gewesen, daß er sich für diese schwierige Aufgabe zwei Tage Zeit genommen hatte.

Und seither gibt es die Erzieherin.

Gott sei Dank!

Techniken und Haltungen

Die Mitte wieder finden

Es gibt Tage, da sollte man gar nicht erst aufstehen. Man fühlt sich nicht gut, alles ist mühsam und anstrengend. Die Haut ist empfindlich, das Nervenkostüm sehr zart, das Wetter schlecht ...

So dramatisch muß das gar nicht immer sein. Trotzdem hat man plötzlich das Gefühl, als sei Sand im Getriebe. Dabei hatte man sich so viel vorgenommen, hatte sich alles überlegt und zurechtgelegt, und schon lief alles aus dem Ruder. Das Gespräch mit einer Mutter am Morgen war ungerecht, unsachlich, aggressiv. Es braute sich im Magen schon etwas zusammen, so in Richtung »Ameisenhaufen«. Dann wollten die Kinder nicht, wie man wohl wollte. Obendrein lief das Telefon heiß. Als es endlich losging, kam der Hausmeister mit einem Handwerker und erläuterte lautstark Reparaturarbeiten. Schließlich stritten sich völlig unsinnig zwei Kolleginnen. Am liebsten würde man die Türe von außen zumachen. Schlapp war man und müde, niedergeschlagen und ein wenig mutlos.

Wenn endlich der Dienst überstanden, überlebt, durchlitten ist, kommt man nach Hause, so richtig fertig, kaputt und frustriert. Und was dann? Irgendwie muß man ja wieder ins Lot kommen. Man muß seine Mitte wiederfinden. Bloß wie?

Über dieses Thema habe ich mich oft mit Erzieherinnen unterhalten. Erstaunlicherweise hatten alle ihre »Rezepte«. Keine gab einfach auf, heulte los, ging in Verzweiflung unter. Eine Reihe von diesen Vorschlägen möchte ich gerne aufzählen. Ich habe vieles wiederentdeckt, was auch ich in entsprechenden Situationen unternehme. Vielleicht entdecken auch Sie sich wieder oder finden Anregungen:

Laut schreien
Das hat mir sehr imponiert, und ich kann mir die Kollegin gut vorstellen, die im Auto sitzt und laut schreit. Eine andere läuft am See

40

entlang. »Wenn nötig, schreie ich ganz laut!«
Das reinigt. Man kann Frust oder Wut aus
sich herausbrüllen. In japanischen Firmen soll
es Hallräume geben, in die man flüchten
kann, wenn einem alles zu viel wird. Nach all
der Etikette tut einem das Losbrüllen gut.

Die Sonne

Sie wärmt und leuchtet nicht nur. Sie tröstet auch und baut auf. »Ich setze mich in die Sonne, lasse mich von ihren Strahlen bescheinen und meine Gedanken frei laufen.« Wir kennen alle das befreiende Gefühl, wenn nach einer langen Schlechtwetterperiode ohne Licht, mit grauen, bedrohlichen Wolken, die Sonne wieder »durchbricht«. Das Leben erwacht wieder, man wird froh und unternehmungslustig.

Der Diwan

Er kann ein wunderbares, liebenswertes Möbel sein, eine Oase in einer schwierigen Welt – wie der alte Ohrenbackensessel. Viele kuscheln sich darauf ein, suchen sich vorher eine Decke oder ein feines Kissen und träumen oder versuchen, einfach nichts zu denken. »Ich setze mich auf die Couch, lege die Füße auf den Hocker, schließe die Augen und mache sie erst wieder auf, wenn mein Kopf frei ist – im Hintergrund Musik.«

Von dieser Musik ist oft die Rede. Sie bringt einen wieder in Stimmung, wenn sie stimmt.

Das Bett

Das Bett ist mit Sicherheit eine der positiv-
sten Erfindungen der Menschheit. Für viele
ist nach einem solchen Tag die Waagerechte
das einzig Senkrechte. Sie legen sich ins Bett
und »denken an nichts«. »Ich lege mich ins
Bett, blicke zur Decke und träume.« Stefan
Andres beschreibt in seiner Novelle »Wir sind
Utopia«, wie jemand in seinem Bett immer
an der Decke die dort vorhandenen Flecken
studiert und neue Welten entdeckt. Vielleicht

war das »Himmelbett« auch so eine Möglichkeit, leichter zu werden. Manche Erzieherinnen haben über ihrem Bett Tücher oder Teppiche aufgehängt: »So kann ich leichter einschlafen und schöner aufwachen.«

Das Bad

Kann man sich etwas Angenehmeres vorstellen, als nach so einem Un-Tag in ein warmes oder heißes Bad zu steigen? Die Schwerkraft hat eine andere Wirkung, man wird leichter. Die Temperatur des nassen Elements spielt mit der Körpertemperatur. Man kehrt gleichsam zurück zu seinen Ursprüngen, fühlt sich wohl, geborgen und sicher und kann zugleich den Schmutz des Tages abwaschen. Die wenigsten legen sich aber nur einfach so in die Wanne. Das mindeste ist schon ein Kräuterbad. Andere machen ausgiebig Abendtoilette, bevor sie sich unter die Dusche stellen oder in die Wanne steigen. Wieder andere genießen es, im Wasser einen Krimi zu lesen, oder sie zelebrieren den Hochgenuß: »Ich nehme ein gemütliches Bad bei Kerzenlicht und leiser Musik.«

Die alten Klamotten

Für viele ist es regelrecht ein Bedürfnis, die Kleider abzulegen und etwas Bequemes, Lässiges anzuziehen. Da kommt der alte Pullover wieder zu Ehren, und auch der Trainingsanzug ist eine wunderbare Sache. Das alles ist nicht nur angenehm, es ist auch ein Symbol dafür: Jetzt bin ich privat, das ist mein intimster Lebensbereich. Bis hierher darf der Arbeitstag nicht dringen.

Sich etwas Gutes gönnen

Manchmal ist es einfach nötig, sich selbst etwas zu gönnen: während man gemütlich auf der Küchenbank sitzt und die Zeitung durchblättert, etwas trinken und knabbern. Die Füße hochlegen, den Tag noch einmal erleben ... Sich selbst etwas zu verwöhnen, sich einen Luxus zu gestatten, kann über vieles hinweg helfen.

Ausrasten

Rast bedeutet Ruhe, Erholung, Unterkunft auf einer Wegstrecke, die man zurücklegen muß. Ausrasten meint sich erholen, bis man wieder weiter kann. Pause machen, Luft holen, nachdenken, sich besinnen bringt Rhythmus in unser Leben und gibt uns das Steuerruder wieder in die Hand. Sich hinsetzen, verschnaufen, schauen ist lebenserhaltend. »Ich setze mich auf einen Stuhl, schaue zum Fenster raus und versinke in Gedanken.« So kann aus einer Pause eine schöpferische Pause werden, aus dem Aufhören ein Auf-Hören, d.h., man nimmt neue Impulse auf, der Frust fällt von einem ab ...

Reden

Auch Reden befreit. Indem man Ärger, Erschöpfung, Frustration formuliert, ihnen im Reden eine Form verleiht, gewinnt man auch Abstand. Es berührt einen nicht mehr so stark. Man kann sachlich darüber sprechen oder »abwettern«. Das Gefühl, daß einem jemand zuhört und einen ernst nimmt, baut auf. Viele reden mit ihrem Partner, ihren Kindern, rufen ihre Schwester an, einen Freund ... Hauptsache, man redet.

Joggen & Co.

Wer unter Streß steht, sich ausgelaugt fühlt, ausgebrannt, sollte sich bewegen. Körperliche Anstrengung stellt das Gleichgewicht wieder her, baut den Adrenalinspiegel ab. Man fühlt sich eindeutig besser. Spazierengehen ist dann wie Medizin. »Das Wichtigste ist Sauerstoff, egal zu welcher Jahreszeit.« Manche führen auch ihren Drahtesel aus dem Stall und fahren ein Stück durch die Natur. »Mit einem Buch im Rucksack radle ich ein Stück und suche mir ein nettes Plätzchen.« Einige packen es aber auch ganz wild: »Ich gehe in den Klettergarten.« – »Ich gehe meine Bergrunde.« – »Ich jogge eine halbe Stunde.« – »Ich hole meinen Hund und laufe mit ihm ein Stück.« Für alle ist gemeinsam: zurück zur Natur. »Wenn ich draußen bin und mich bewege, fühle ich mich wohl.«

Pflanzen

»Willst du ein Leben lang glücklich sein, leg einen Garten an«, sagen die Japaner. Es ist wirklich wahr: Mitverfolgen zu dürfen, wie die Jahreszeiten einen Garten verändern, wie er sich im Herbst auf die Ruhe des Winters vorbereitet, um dann im Frühjahr mit voller Kraft loszubrechen bis zur Saftigkeit und Dynamik des Sommers, macht einen selbst wieder zu einem Teil der Natur. »Gartenarbeit lenkt mich ab und gibt mir neue Kraft.« Sich seinen Pflanzen zu widmen, heißt, sich wirklich um jemanden zu kümmern. Man spürt dann (man ist auf der Spur ...), ob die Sonne zu stark wird, ob die Pflanze in den Schatten will, ob sie mehr oder weniger Wasser braucht. Der Schützling wird zum ernst genommenen Lebewesen, das einem viel

Freude und Bestätigung geben kann. »Ich gehe, meine Pflanzen zu gießen und neue zu pflanzen.« Was könnte besser beruhigen?

Tee oder Kaffee trinken

»Trinke Tee und vergiß die Unruhe der Welt.« Teetrinken ist fast ein meditativer Vorgang. In Asien, vor allem in Japan, hat man daraus einen Weg der Erkenntnis gemacht. Man kann schon die Ruhe wieder einkehren lassen, wenn man sich ohne jede Hast einen Tee kocht, sich mit einer schönen Tasse hinsetzt und das duftende Getränk genießt.

Der Kaffee hat eine andere Mentalität. Er ist geselliger, leutseliger. Zum Kaffee trifft man sich, ratscht miteinander, liest Zeitungen, schmökert sich durch etwas durch, bereitet sich auf Prüfungen vor. Mir schmeckt in einem gewöhnlichen Café der Tee nicht, er gehört hier nicht her. Da braucht man vielleicht doch einen Tea-room? Der Kaffee muntert einen auf, der Tee macht einen nachdenklich.

»Ich trinke in Ruhe Tee.« – »Ich trinke mit meiner Freundin Kaffee und ratsche.«

Allein sein

»Ich muß allein sein.« – »Ich muß still werden, ruhig.« – »Ich schließe die Augen ...«

»Wenn ich allein bin, bin ich ganz bei mir.
Ich kann mit mir sprechen, mir zuhören, mit
mir in eins kommen.« Das ist eine Form
von Meditation, von stillem Horchen und
Schauen. Manche Menschen brauchen das
wie Essen und Trinken. Nach einem Tag, an
dem ich immer wieder nach außen gegangen
bin, brauche ich den Weg zurück. Es ist, wie
wenn ich tagsüber einen Stein in ein stilles
Wasser geworfen hätte; die Ringe breiteten
sich nach allen Seiten aus, und nun nehme
ich alle Ringe wieder weg, bis zum letzten,
dem Zentrum, dem Ich. Es ist eine Art von
Konzentration, ich finde das Zentrum wieder. Aber nur, wenn ich still und bereit bin.

Der Füllfederhalter

Für viele Kolleginnen ist es ein Bedürfnis zu
schreiben. Da werden – ganz unzeitgemäß –
lange Briefe geschrieben. So praktisch ein
Faxgerät sein mag, so anregend das Telefo-
nieren, sie beerdigen doch ein Stück Kultur.

Eine Sache aufzuschreiben, die richtigen
Worte und Sätze zu suchen und zu finden,
zeigt mehr von einem selbst und fordert
mehr. Das Tagebuch kann ein wichtiger
Freund werden, hilft es einem doch, Ordnung
in den Trubel, das Chaos des Tages zu bringen und den Tag einzureihen in ein größe-
res System.

51

»Etwas, was mich beschäftigt, nieder-
schreiben (von der Seele schreiben).«

»Ich versuche, ein Gedicht zu schreiben.« –
Manche Erzieherinnen versuchen, Erlebnisse,
Stimmungen, Gefühle, Konflikte zu verdich-
ten, mit ihrer Sprache dichter zu machen. Wir
trauen es uns nur normalerweise nicht mehr
zu, die Sprache anders als zur direkten Mit-
teilung zu verwenden.

Mein Mandala

Viele Kolleginnen spüren Ruhe und Entspannung, wenn sie ein Mandala »ausmalen«.
Vielleicht ist das ein In-sich-Zurücktauchen
in eine Welt von Formen, mit der man einst
seine eigene Bildsprache begonnen hat, eine
Formenwelt, die alle Menschen in sich tragen, die sich durch die ganze Kulturge-
schichte der Menschheit zieht.

Es macht nicht nur Spaß, es ist auch aufregend und anregend, sich seine eigenen
Mandalas mit Zirkel und Lineal selbst zu
zeichnen und dann erst anzumalen. So sind
es dann wirklich die eigenen Mandalas.

Lesen

Lesen versetzt einen in eine andere Welt. Das Denken und die Phantasie werden angeregt. Man findet Menschen und Situationen zwischen den Buchdeckeln, die einem sympathisch sind, die einen ärgern oder mit denen man sich identifiziert. Man wächst in diese Welt hinein, vergißt ein wenig die eigene und taucht, etwas verändert, wieder auf. Das Fernsehen läßt der eigenen Vorstellung keine Chance. Bild, Inhalt, Spannung werden geliefert. Wenn ich Radio höre, kann meine Phantasie das Gehörte ausmalen. Der Inhalt wird in meine Welt integriert. Beim Lesen sind meine Ohren und meine Phantasie frei ...

Alte Maschen aufnehmen

Für manche Kolleginnen bedeutet es wirklich Entspannung, einen angefangenen Pullover weiterzustricken. Die verhältnismäßig gleichbleibende Bewegung der Hände und Stricknadeln schafft anscheinend Freiheit für das Denken und relativiert das Erlebte. Dabei fließt einem der Erfolg förmlich aus den Fingern. Manche sticken oder häkeln mit der gleichen Wirkung. Oder sie basteln an einem Geburtstagsgeschenk herum, erfinden eine schöne Verpackung. Jedenfalls suchen sie sich eine positive Arbeit, um das Negative des Tages in den Schatten zu rücken.

Etwas für mich unternehmen

»Ich mache einen Stadtbummel.« Man sieht etwas, kauft etwas, geht ins Café, trifft Leute. Irgendwie hat man sich in den Strom des Lebens wieder eingeklinkt. »Ich gehe zum Friseur.« Die neue Skyline, das Gefühl, besser auszusehen und zu wirken, stellt einen schon wieder auf die Füße.

Klar Schiff ...

Man wird eher aufgeräumt sein, wenn man aufgeräumt hat. Fast mechanisch wird abgestaubt. Das alte Wort »Staub, der liegt, der schadet nicht. Hütet euch vor Zugluft, weil der Staub dann fliegt« wird ausgehebelt. Das Zimmer wirkt nach dem Putzen wie neu, es blitzt förmlich. Die positive Stimmung überträgt sich. Man sortiert die Dinge und sich, man schafft und findet Ordnung.

Abstand gewinnen

Das vor allem läßt einen die eigene Mitte wiederfinden. »Das letzte Stück meines Heim-
weges von der Haltestelle ist für mich Erholung und Entspannung. Ich genieße die Luft,
die Bäume, die Vögel und Blumen oder den
Schnee, die Geräusche usw. Zu Hause angekommen, setze ich mich hin. Irgendwo, wo
ich alleine bin. Danach bin ich wieder fit.«

Atmen

Lieber Rul,

Du fragst mich, was Du tun könntest, wenn
Du abgespannt und müde bist. Resigniert bist
Du nicht, denn sonst würdest Du mich ja
nicht fragen, was Du mit dem Atem tun
könntest, um Dich zu erholen. Erholen ist ein
gutes Wort: Dich wieder zu Dir holen – in
altvertraute Kraftfelder, wo die Phantasie
wieder Chancen hat zu funken. Ich weiß, daß
Dir dann gewiß einfällt, was das Beste für
Dich im Moment ist. An der kleinen Naht-
stelle zwischen Erschöpfung und Phantasie
hat die Atemübung eine geniale Funktion.

Überläßt man sich nämlich der Erschöpfung, besteht die Gefahr, daß man absackt.
Wer kennt das nicht! Man wird deprimiert,
fühlt sich schwer, findet nichts mehr gut an
sich und anderen. Es knäuelt sich so einiges
zusammen. Noch ehe man laut und ungerecht in seinen Äußerungen oder verstockt,
stumm und sauer wird, könnte man mit
Atem-Hilfe die Kurve kriegen. Wichtig und
unerläßlich ist eine kurze Entscheidung. Will

ich mich jetzt erholen oder nicht? Wenn ja, dann ist der Atem schon bereit, denn er reagiert auf Aufmerksamkeit und Zuwendung zu mir selbst.

Du bist also auf ein Dich-Holen eingestellt. Die Zwerge, wie ich sie nenne, flüstern Dir jetzt zu: »Du bist doch müde! Schone Dich lieber! Nach all den Anstrengungen auch noch Übungen machen! Bist Du blöd ...?« Damit sie keine überwältigende Chance haben, machst Du eine körperliche Bewegung. Du dehnst Dich aus, machst Dich größer! Physiologisch ist es eine wunderbare Sache, daß mit jeder Dehnung Einatmen provoziert wird. Genüßlich wird die Geschichte – und das ist gut -, wenn Du so zu dehnen verstehst, daß Du Dein Einatmen wirklich leiblich spürst und z.B. merkst: Das war zuviel des Guten, der Einatem war zu lang, war überzogen. Aber jetzt hat es gestimmt! Jetzt hatte der Einatem das richtige Maß.

Also, Rul, probier's, wenn Du magst. Dehne Dich nach Herzenslust. Die Einfälle, wie Du Dich dehnen kannst, kommen aus dem Körper, einer unerschöpflichen Quelle der Phantasie. Wenn Du Dich dem Bewegungsimpuls von innen überläßt, kannst Du fünf oder zehn Minuten lang dieses Spiel spielen. Vielleicht hat sich jeder einzelne Finger gerührt, wollte gedehnt werden, in Fluß kommen. Und der Finger hat den Arm mitgenommen, der Arm die Seite und all das in Deinem eigenen Atemrhythmus, in Deiner Einatem-Ausatem-Pausen-Zeit. Wenn es Dein atemrhythmisches Spiel geworden ist, dann hat das vegetative Nervensystem eine Chance, sich zu ordnen. Diese neue Ordnung beeinflußt Deine seelische Verfassung. Wenn's rhythmisch mit Dir und in Dir stimmt, verändert sich Deine Stimmung ziemlich schnell in Richtung Heiterkeit. Körperlich hast Du Dich durchbewegt, der Atem fließt und erlaubt keinen Ort der Schwere mehr. Da Du bewußt dabei warst, Deinen Atemrhythmus wahrgenommen hast und bis zu einer gewissen Stimmigkeit geübt hast, warst Du auf Deine Lebendigkeit hin gesammelt und hast Dich bewirkend erholt.

Womöglich kommen ganz spontan Gähner. Laß sie zu! Ein Gähner ist ein großer

Atemzug, der das Zwerchfell mal gehörig nach unten drückt. Vielleicht kommt auch ein Laut oder Seufzer aus Dir heraus. Fühle Dich einfach tierisch wohl in Deiner Haut und ohne Ambition, eine schöne Übung machen zu wollen. Du kannst es natürlich auch wie ein Reinigungszeremoniell ansehen. Das ist es im Grunde auch. Giftstoffe werden nach draußen transportiert. 70% aller Entgiftung geschieht über den Atemweg, sagen die Experten. Gut, wenn Du jetzt den Atem rausläßt und ihn nicht verschluckst. Es macht Spaß, wenn der Ausatem kräftiger wird und Du spürst, wie sich Dein Körper im Ausatem bewegt – kreativ, kraftvoll, bestimmt.

Wann es genug ist, weiß Dein Körper, Du mußt nur hinhören, lauschen.

Möchtest Du jetzt weiterüben, schlage ich Dir Folgendes vor: Gehe durch Deine Wohnung und hole einen Holzhocker oder einen harten Stuhl, der Deiner Körpergröße entspricht. Auf der harten Sitzfläche spürst Du Deine Sitzknochen. Laß Dein Gewicht auf diese Sitzknochen. Nun merkst Du, ob der Hocker/Stuhl stimmt. Ist das Gefälle von der

59

Leiste zum Knie zu steil, ist die Sitzgelegen-
heit zu hoch und ungeeignet. Ist der Hocker
zu tief, dann wird der Atemfluß in der Leiste
abgeklemmt und erzeugt Stau. Also, wenn's
stimmt, kannst Du gut die Mitte Deiner Sitz-
beinhöcker finden und jetzt mit Deinem
Gewicht spielen. Je mehr Du in den Schultern loslassen kannst, desto mehr fängst Du
an zu sitzen. Die Füße berühren den Boden,
und dabei lauschst Du auf Deinen Atem. Er
kommt, weitet von allein, schwingt zurück in
die Ausgangslage, Ruhe. Dabei hast Du ein
pharaonisches Sitzgefühl. Du bist bei Dir
angekommen. Wunderbare Ruhe in der
Bewegung, die sich jetzt sicherlich einstellt.
Bist Du ganz anwesend, kannst Du den
Impuls wahrnehmen und ihm folgen.

Vielleicht meldet sich der Rücken. Er ist oft
vernachlässigt, weil er hinten ist. Aber jetzt
hat er eine Chance, Dir zu sagen, was er
braucht. Wenn Du lauschst, wird er die Bewegung andeuten, die ihn beweglicher werden
läßt. Du folgst also und dehnst in die ange-
deutete Richtung und verstärkst die Bewegung, indem Du mitgehst. Das Geheimnis der

ordnenden Wirkung des Atems liegt darin, daß Du nicht von außen beobachtest, wenn Du Deinen Rücken dehnst, sondern diese Dehnung wirklich mitempfindest. Wie ein Surfer legst Du Dich sozusagen in die Welle hinein.

Wenn Du so zugewandt auf den Atem achtest, dann verstärkt er sich. Das ist ein Phänomen. Der Einatem wird weiter, größer, räumlich empfunden, der Ausatem kräftig, und die Pause wird die Stille, in der Du Dich aufgehoben fühlst.

Wie schriebst Du mir doch: »Hier am Meer ist es manchmal so still, daß ich meinem Atem lauschen kann.« Was willst Du denn mehr als Raum und Kraft und Stille!

Herzlich,
Deine Anne

Auf meinen Körper achten

Lieber Rul,
Du wolltest von mir wissen, wie Du Dich nach einem anstrengenden Arbeitstag entspannen könntest. Naja, da gibt es viele Varianten im herkömmlichen Sinne. Der eine »duscht« sich seinen Ärger vom Körper oder wäscht seinen Kopf streßfrei, ein anderer »füttert« seine Seele mit Süßigkeiten ...

Wenn Du wieder einmal lange über Deinen Skripten sitzt, wäre es doch auch gut, ein paar Schritte an der frischen Luft zu tun. Wenn Du Dich gerade nicht losreißen kannst, dreh einfach Deinen Stuhl um und benutze die Rückenlehne als Brustkorbabstützung, das tut ab und zu ganz gut, wenn man etwas durchlesen muß.

Deinem Nacken tut es auch gut, wenn er gedehnt wird: Nimm Deine Hände an Deinen Hinterkopf, die Arme sind dabei nicht mehr als ein Gewicht. Dann laß Deinen Kopf nach vorne unten hängen, bleibe in der Stellung und verharre in diesem Zugschmerz eine ganze Weile lang. Es zieht im gesamten

Nackenbereich. Dabei mußt Du aber kerzen-
gerade sitzen bleiben, nur der Kopf wird
gesenkt. Nur zu gerne würde der Brustkorb
mitgehen wollen; der Körper nimmt immer
den Weg des geringsten Widerstandes, aber
Du läßt ihn nicht. Dann bleibt der Kopf immer
noch hängen, und die Ellenbogen gehen mit
der ganzen Kraft nach hinten oben, die
Hände bleiben am Hinterkopf, ohne Druck.
Dann nimmst Du den Kopf zurück in die alte
Stellung und läßt die Arme hängen.

Ebenfalls nützlich ist eine Ecke im Zimmer,
in die Du hineinlaufen kannst. Die Arme

nimmst Du dabei über 90° nach oben und »stellst sie ab«. Nun gehst Du einen Schritt in die Ecke hinein, das andere Bein bleibt gestreckt. Dein Brustbein zieht nach vorne, Du »hängst« Dich praktisch zwischen Deine zwei Arme. Das kann jämmerlich ziehen; da meutern sämtliche Gefäße und Nerven, z.B. durch Kribbelgefühle, »Taubheit«, kalte Hände usw. Aber nicht abschrecken lassen! Du bleibst also wieder in diesem Spannungsgefühl ca. 2–3 Minuten. Die Schrittstellung der Beine ist wichtig, da Du damit Deinen unteren Rücken sicherst. Sonst würdest Du in ein »Hohlkreuz« gehen.

Was mich auch immer bewußter für mich selbst werden läßt, ist die Betrachtung meiner selbst, meiner Haltung:

Stehe ich auf beiden Beinen gleichmäßig?

Belaste ich meinen ganzen Fuß oder nur die Fersen bzw. den Vorfuß?

Meine Kniegelenke sind immer leicht gebeugt, nie ganz durchgestreckt.

Wie ist mein Becken eingestellt? Ich stelle es in eine Mittelstellung, d.h. *kein Hohlkreuz, kein Rundrücken.*

Mein Brustbein bewegt sich nach vorne, oben.

Meine Arme hängen locker schwingend an meinem Oberkörper. Aufgerichtet stehen und gehen mit freien Schultergelenken bedeutet nicht: »Schultern zurück, Brust raus«. Das Schulterblatt ist ein Teil des Schultergelenkes und ist frei beweglich!

Auf dem aufgerichteten Brustkorb trägt sich der Kopf von alleine.

Anfangs ist es vielleicht eigenartig, wenn Du Dich so auspendelst, es ist fremd und anders, eine alte innere Stimme sagt: »Komm, stell Dich doch wie früher hin, das war doch viel bequemer.« Sie wird aber immer leiser und verschwindet ganz, wenn Du es oft genug übst. Ich nutze da manch eine Wartezeit, die dann um so kürzer wird, je mehr ich mich auf mich konzentriere. Ich nenne es »meine Reise in meine Mitte«.

In diesem Sinne sei lieb gegrüßt
von Deiner Tanja

Zeit haben

Ach wäre das schön: einmal so richtig Zeit haben. Einmal all das tun können und dürfen, was sonst liegen bleibt, beiseite geschoben wird, weil so vieles soo wichtig ist. Oder vielleicht einmal nichts tun, einfach gar nichts. Fünf gerade sein lassen.

Manchmal gelingt das ja, aber sehr, sehr selten. Wenn unvorhergesehen etwas ausfällt, ein Termin verschoben wurde oder angesagte Gäste nicht kommen. Und meist im Urlaub. Urlaub, ein Zauberwort, das Erinnerungen und Sehnsüchte weckt, das in einem das Gefühl wach werden läßt, als dürfte man wirklich einmal über sich und seine Zeit verfügen. Es ist erlaubt, das ist die ursprüngliche Bedeutung dieses Wortes. Erlaubt, ur-laubt, Urlaub.

Was ist denn da erlaubt? Erlaubt ist, daß ich ich sein darf, daß ich meinen Rhythmus leben darf. Daß ich Zeit habe, daß ich mir Zeit lassen und auch Zeit nehmen kann, daß ich mir Zeit gönne. Dabei werde ich die eigentlich unlogische Feststellung machen, daß ich Zeit gewinne, daß sie langsamer vergeht, daß sie stillzustehen scheint, wenn ich sie vergeude.

Wie gemein kann man doch mit der Zeit umgehen! Man kann sie jemandem rauben, stehlen, man kann sie verlieren und totschlagen.

Natürlich können wir auch Zeit sparen, weil wir sie besser nützen, einteilen. Aber bringt das mehr Zeit oder führt das dazu, daß wir in der Maschine, in die wir im Alltagsstreß, in den Konflikten und Problemen, Ängsten und Wünschen und vor allem in den Erwartungen der anderen an uns integriert sind, noch besser funktionieren? Wenn ich das alles etwas kritisch sehe, hinke ich dann hinter der Zeit her? Vertrödle ich sie?

Ich meine, wir sollten uns Zeit schenken. Geschwindigkeit ist nicht alles. Wer rast, kriegt nichts mehr mit, höchstens das Nummernschild des Wagens davor. Kann es das aber sein?

Gerade weil wir verfolgen können, wie die Zeit und damit unser Leben verrinnt – schnell, rasch, wie im Fluge –, sollten wir

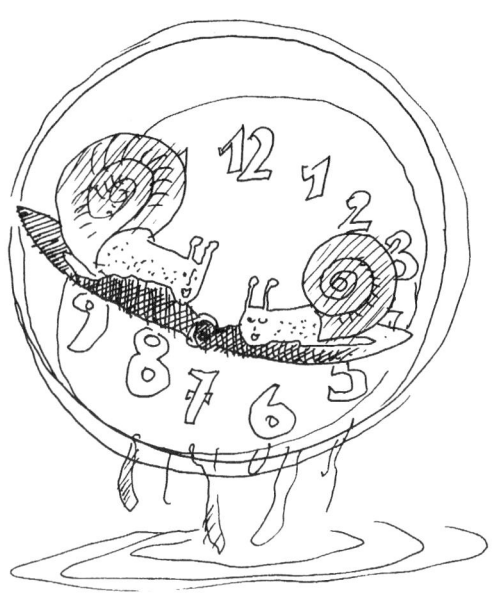

gegensteuern. Manchmal bewußt langsamer
sein, uns Muße gönnen, freie Zeit. Einfach
verweilen. Diese Zeit läßt etwas reifen. Was
Zeit kostet, ist dann vielleicht etwas wert.

Von der Gelassenheit

Die Stunde werde ich nie vergessen. Als ganz junger Lehrer mußte ich von jetzt auf gleich, ohne eine Minute Vorbereitungszeit, eine als besonders wild verschriene Klasse übernehmen. Etwas außer Atem, das Schulhaus war weit-läufig im Wortsinne, und es hatte schon die Schulglocke geläutet, kam ich im Klassenzimmer an. Da ging es zu wie bei einer Kirchweihrauferei. Keiner der Schüler würdigte mich auch nur eines Blickes, er hätte dazu auch keine Zeit gehabt. Er mußte ja dringend brüllen, mit Schulmappen werfen oder seinem Nachbarn mit dem Lineal eines drüberziehen. Ich wartete – ziemlich entsetzt – eine Zeitlang. Nichts änderte sich. Ich spürte, wie ich langsam zu kochen begann. Eine Mordswut stieg in mir hoch. Ich öffnete den Mund und brüllte voller Zorn los. D.h., ich wollte gerne. Mitten im Satz gingen mir die Worte und der Atem aus. Noch nie im Leben hatte ich so laut gebrüllt. Das war so komisch, offensichtlich auch für die Schüler, die mich völlig entgeistert musterten. Ich versuchte, den Satz zu beenden. Es ging einfach nicht, schon deshalb, weil ich so lachen mußte. Die Schüler auch. Das »Eis« war gebrochen.

Mir war aber schlagartig klargeworden, daß dies nicht meine Kommunikationsform sein würde. Da mußte ich mir schon etwas anderes ausdenken.

Trotzdem dauerte es noch lange, bis ich nicht mehr so schnell von 0 auf 80 kam. Ich mußte mir Techniken ausdenken, leise bis 5 zählen, bis ich reagierte, u.a.

Eine Verkäuferin hat mir dabei vorbildlich geholfen. Ich stand im Laden, vor mir eine Dame, Marke keifende Beißzange, die an allem etwas auszusetzen hatte, auch an der Bedienung. Diese blieb gelassen und ruhig, für mich ein Wunder. Als die Kundin schließlich schimpfend das Geschäft verlassen hatte, mußte ich die Verkäuferin doch fragen: »Wie schaffen Sie das nur, nicht zurückzuschimpfen und so ruhig zu bleiben?« »Ach wissen Sie«, meinte sie lächelnd, »ich weiß, in zehn Minuten ist die Tante draußen. Dann ist alles vorbei. Wenn ich mich recht aufrege, dauert das viel länger, und gesünder wird man dabei auch nicht. Für so einen Unfug habe ich einfach keine Gefühle frei!«

Man sollte es schaffen, Aufregungen und Ärger einfach von morgen her zu betrachten, sie nur so ernst zu nehmen, wie es nötig zu sein scheint. Rege ich mich morgen auch noch so darüber auf? Sicher eine hilfreiche Frage, aber gesagt ist das leicht ...

Ich habe viele Erzieherinnen kennengelernt, die das konnten, die Vorbilder an Gelassenheit waren, die mit gleichbleibender Heiterkeit ihren Dienst versahen und ihre Schwierigkeiten meisterten. Ich habe sie bewundert, beneidet – und beobachtet.

Für alle galt ein Wort von Marc Aurel: »Der Mensch, der in sich selbst ruht, wird von äußeren Dingen nicht beeinflußt.« Ich begegnete Menschen, die mit sich und ihrer Welt zurechtkamen. Die Gelassenheit schafft aber auch die Offenheit, Menschen und Situationen neu zu begegnen – ohne Vorurteile, ohne die emotionale Färbung in den Brillengläsern. Diese Menschen gingen sich nicht aus dem Wege und fanden eine Aus-

gewogenheit zwischen Wünschen und Realität, die Grundlage für Zufriedenheit und Glück sein konnte.

»Ich habe entdeckt, daß alles Unglück der Menschen von einem einzigen herkommt: daß sie es nämlich nicht verstehen, in Ruhe in einem Zimmer zu bleiben.« So formulierte es Pascal.

In einer Welt wie der unsrigen, voll grauenhafter Nachrichten und Bedrohungen, in der alles ins Kippen geraten und wegrutschen kann, gelassen zu bleiben, scheint schier unmöglich. Und trotzdem begegnet man Menschen voll innerer Ruhe mit einer Ausstrahlung, die einen in den Bann schlägt.

Alle Erzieherinnen, deren Gelassenheit ich bewundere, haben eine positive Lebenseinstellung. Sie sind sensibel, aufgeschlossen und genußfähig. »Der glückliche Mensch ist jener, der den Augenblick, den er in Händen hält, am vollständigsten zu genießen weiß«, meint Teilhard de Jardin.

Gelassene Menschen wissen, daß sie auf einem Weg sind, sich wandeln und entwickeln. Das macht sie nicht unsicher, sondern gibt ihnen die Gewißheit der Bewegung und des Bewegtseins.

Es sind begeisterungsfähige und begeisterte Menschen, die gerne fröhlich sind.

Das schafft man wohl nur von einer höheren Warte aus, auf der der Alltag einem nicht so nahetreten kann, von der man sich einen Überblick verschaffen kann. Einen Berg kann ich nur aus der Entfernung betrachten. Wenn ich zu nahe herangehe, sehe ich nur einzelne Steine ...

Gelassen zu werden und zu sein, geht sicher nur, wenn ich mich von einem Urvertrauen getragen weiß.

Was ist der Mensch, daß du an ihn denkst,
des Menschen Kind, daß du dich seiner
annimmst?
Du hast ihn nur wenig geringer gemacht als
Gott,
hast ihn mit Herrlichkeit und Ehre gekrönt.
Du hast ihn über das Werk deiner Hände als
Herrscher eingesetzt,
hast ihm alles zu Füßen gelegt.

Psalm 8, 5–7

Das augenblickliche Glück

Man hatte alles so schön geplant, alles war vorbereitet, gleich konnte es losgehen. Aber, erstens kommt es anders, und zweitens, als man denkt. Plötzlich streikt der Körper. Kopfweh, Halsweh, Fieber – eine Erkältung von besten Eltern hat einen niedergestreckt.

»Ja, mach nur einen Plan. Sei nur ein großes Licht! Und mach dann noch 'nen zweiten Plan, geh'n tun sie beide nicht.« So läßt Bert Brecht in der Dreigroschenoper singen. Bezeichnenderweise heißt der ganze Song

»Das Lied von der Unzulänglichkeit menschlichen Strebens« ...

Also bleibt man im Bett, nimmt Medikamente, sagt schweren Herzens seinen Dienst ab und wälzt sich nun mit seinen Problemen. Mit schlechtem Gewissen stellt man sich vor, wie nunmehr die armen Kolleginnen ... Wie soll denn das alles gehen? Die Gedanken dröhnen durch das Gehirn, wenigstens eine Zeitlang. Dann wird es stiller, der Kopf ist wie leergefegt, man ist einfach nur noch krank, fühlt sich schlecht und trostbedürftig.

Aber das Gehirn gibt nicht auf. Völlig andere Gedanken türmen sich jetzt auf. Das Leben stellt sich um einen herum wie eine Kulisse, zum Teil schlecht gebaut, ein Webmuster aus vergessenen Schwierigkeiten, gescheiterten Bekanntschaften und Beziehungen, aus Mißerfolgen ... Man fühlt sich eingemauert, bedrückt. Kurz, man ist in einem miserablen Zustand.

Doch auch der geht vorüber. Es ist, wie wenn dunkle Wolken abziehen. Der Himmel wird freier, farbiger. Aber unübersehbar stehen einige große Fragezeichen da: Was soll das Ganze eigentlich? fragt man sich. Nehme ich mich nicht zu wichtig? Habe ich mir mein Leben so vorgestellt? Was habe ich denn erwartet, wenn nicht das? Wo bleibe ich eigentlich selbst in diesem grausamen Spiel? Funktioniere ich nur mehr, außer Atem? Hat das alles wirklich mit mir zu tun?

Wahrscheinlich braucht man von Zeit zu Zeit so einen Schlag mit dem Hammer auf den Kopf, um aufzuwachen, um wieder auf die eigenen Beine zu kommen.

»Was ist denn der Sinn meines Lebens? Wer bin ich eigentlich? Was kann, was will ich bewirken? Warum bin ich so, wie ich bin? Was ist, wenn mein Leben vorbei ist?«

Das sind existentielle Fragen, die sich unausweichlich stellen und denen man nicht ausweichen kann und darf. Die Antworten haben Konsequenzen für die eigene Lebensplanung und -führung, für Beziehungen, für Kontakte und für das eigene Verhalten.

Sicher denken wir alle zu wenig über uns und die Endlichkeit unseres Lebens nach. Die Folge einer intensiveren Auseinandersetzung wäre wohl, daß wir uns in diesem kurzen

Leben gegenseitig mehr helfen und unterstützen würden. Karriere und Profitmaximierung können nicht alles sein. Das Denken an morgen darf uns nicht ständig unser Heute verstellen. Wir müssen das Jetzt für uns zurückerobern. »Ergriffenes Dasein« hieß einmal ein berühmter Gedichtband. Da sein müssen wir wieder, uns klarwerden, wer wir sind und wo wir uns befinden, wie wir uns fühlen und in welchem Geflecht von Bezügen und Beziehungen wir leben.

Unsere Gegenwärtigkeit muß uns wieder bewußtwerden. Wir müssen lernen, einen Apfel zu essen, wenn wir einen Apfel essen, und nicht nebenbei schon die nächste Aufgabe anzugehen. Für mich ist das eine wesentliche Voraussetzung für Glücksempfinden. Die Identifikation mit dem Jetzt und auch mit einer Sache, einer Aufgabe. Wir müssen lernen, den Augenblick zu genießen. Denn »wer nichts mehr genießt, wird bald ungenießbar«, sagt Edmund Johannes Lutz. Und von Giuseppe Gianbusso stammt die Aussage: »Heute habe ich vergessen zu leben.«

79

Zum Glücksempfinden gehört neben der Hingabe an die augenblickliche Aufgabe auch ein hochsensibles, verfeinertes und differenziertes Geflecht aus Beziehungen zu meinen Mitmenschen. Es ist eine Wechselbeziehung. Wenn ich viel Menschlichkeit einbringe, werde ich viel erfahren.

Man kann sich dabei auch selbst ein wenig dopen, eigentlich helfen. Man sollte nicht vergessen, daß wir Menschen lächeln können. Wen beim morgendlichen Blick in den Spiegel schon das schiere Entsetzen packt, der wird für sich und seine Umgebung nicht viel Anziehendes bieten können. Es ist, wie wenn ich beim Start mit dem Auto vorher die Handbremse ziehe. Also – Bremsen lockern!

Das Ganze läuft natürlich gegen den Trend. Wir müssen lernen, mit unserer Zeit anders umzugehen, wir brauchen Muße und Gelassenheit, wir müssen Techniken entwickeln, um aus dem üblichen Tempo, dem dauernden Gefordertsein, auszusteigen, Atem fassen und entspannt uns selbst wieder entdecken. Diese Methoden sind erlernbar.

Das Bewußtsein, daß jeder verflossene Tag in unserem Leben und in dem unserer Kinder unwiederbringlich vergangen ist, könnte uns dabei helfen.

Nun ist unser Erziehungssystem so angelegt, daß wir jeweils jetzt etwas lernen, was wir später brauchen. Das Jetzt, die Gegenwärtigkeit, haben wir dabei stets mit Erfolg wegorganisiert.

Wir wissen aber nicht, ob alles, was wir lehren und lernen, später noch so von Bedeutung ist, wie wir jetzt meinen. Wir wissen auch nicht, ob wir das »Später« noch erleben werden. Sicher sind wir uns in dem Wissen, daß das Heute vergeht für alle Zeit. Auch hier müßten wir, entgegen allen ehrgeizigen Plänen von Eltern und Bildungsplanern, gegensteuern.

Eine unserer ganz großen Aufgaben ist es, für die Kinder das Jetzt zu erhalten oder zurückzuholen. Sie haben ihr Recht auf das augenblickliche Glück, wie wir.

Wenn das viele ernst nähmen, würde es eine Revolution in den pädagogischen Planungen und Zielsetzungen einleiten. Bis das so weit ist, könnten wir ja schon einmal beginnen ...

Voraus-Setzungen

Mein Raum

Es gibt Räume, die grenzen an Körperver-
letzung. Man fühlt sich unwohl, meidet sie.
Sie tun einem weh. Meist weiß man nicht,
warum. – Wir sollten darüber nachdenken.

Es fordert unsere Vorstellungsgabe heraus,
wenn wir mit unserer Phantasie den Raum
einmal ganz ausräumen, sozusagen »besen-
rein«. Da spürt man dann, daß jeder Raum
eine Plastik ist, die ich von innen betrete.
Wie es Skulpturen gibt, die ich mag und
in deren Nähe ich mich wohlfühle, gibt es
auch Räume, in denen ich sofort spüre, sie
haben etwas mit mir zu tun. Seit der Antike
hat man darüber nachgedacht, wie man
einen Zusammenhang herstellen kann zwischen den Maßen des Menschen und der
Hülle, die man außen herum baut. Dieses
Thema hat die Architekten bis heute beschäftigt. Nun können wir »unseren« Raum

nicht verändern, jedenfalls nicht architekto-
nisch, wir können uns aber klarmachen, ob
er mich wirklich aufnimmt. Bin ich daheim
in ihm? Oder ist er zu niedrig, zu hoch, zu
breit, zu lang? Vieles läßt sich mit Farbe verändern, das zum Trost. Wie steht es mit dem
Licht? Sind die Fenster groß genug? Gibt es
dunkle Ecken, helle Zentren? Ist das bei der
Einrichtung berücksichtigt?

Viele Räume in Kindergärten bestehen letztlich aus chaotischen Anhäufungen von Dingen, alle gut gemeint, aber einfach zu viele. Nicht wenige Menschen leben auch zu Hause so, ich als berüchtigter Sammler ebenfalls. Aber, das könnte ich beweisen, jeder Gegen-stand hat etwas mit mir oder meiner Familie zu tun. Ich könnte über jeden etwas erzählen. Wir sind mit Geschichten umgeben, mit unserer sichtbaren Biographie.

Im Kindergarten mit diesen vielen verschiedenen Menschen geht das gar nicht. Ausnahmen bestätigen natürlich die Regel.

Meist ist es aber eine Fülle von Vasen, Decken, Puppen, Spielzeug, Geschirr, Büchern, Bildern in einem Möbelpark, der mit kräftigsten Farben gestrichen ist. Möglicherweise ist jedes einzelne Ding schön und wertvoll, aber in der Ansammlung einfach zu viel.

Jedes Ding braucht seinen Raum, Luft zum Atmen und zum Wirken. In der Häufung stören sich die Dinge gegenseitig und lassen auch uns keinen Platz zum Leben.

In einem hektischen, überfüllten Zimmer ist es schwer, ruhig zu sein und zu bleiben.

Das Durcheinander überträgt sich. In einer Fortbildung, die sich mit der Einrichtung unserer Arbeitsräume beschäftigte, versuchten wir, uns das Problem vor Augen bzw. vor Ohren zu führen. Wir stellten zehn Kassettenrecorder auf, in jedem eine Kassette mit guter Musik von Klassik bis Pop. Wir hörten jede Kassette einzeln eine Zeitlang an. Es war ein Genuß, vielgestaltig und anregend. Dann schalteten wir alle zehn auf einmal an. Es war eine unerträgliche Katastrophe. Schnell brachen wir den Versuch ab.

Ein Raum, in dem viele Menschen vielerlei Dinge tun, muß strukturiert, geordnet sein. Er braucht Zonen, die ruhig sind, und andere, die auf bestimmte Verhaltensweisen hin ausgerichtet sind.

Das beginnt bei den Farben. Am farbigsten sollen dabei die Kinder sein. Das heißt, keine lauten Farben im Raum! Pastellfarben. Dabei sollte man sich über einen Grundklang klarwerden. Es gibt Farbklänge, die positiv stimmen, sich freundlich, freudig, anregend geben. Andere wirken trist, frustrierend, abweisend. Vor allem auch bei der Auswahl von

87

Tapeten (wenn überhaupt nötig) sollte man aufmerksam sein. Es gibt so unsägliche Wandbedeckungen, die alles übertönen, den Raum optisch vorlaut verkleinern und in chaotische Schwingung versetzen. Also, Zurückhaltung!

Mich haben in Japan die Teeräume fasziniert. Es sind Orte der Stille, der Besinnung, eine wunderbare Behausung für die Zeremonie des Teetrinkens.

Natürlich können, wollen und sollen wir aus unserem Arbeitsraum keine Teeräume machen, aber manche Überlegungen könnten wir zu Grunde legen, um unseren Raum zu überdenken. Ein Teeraum ist »Wohnsitz der Einbildungskraft« (Kakuzo Okakura), er läßt vieles offen, um der Vorstellungskraft die Vollendung zu überlassen. Er ist auch ein »Wohnsitz der Leere«, die ihn zu einem »Zufluchtsort vor den Ärgernissen der Welt« macht.

Wer sich mit Wahrnehmungspsychologie beschäftigt, weiß, daß ein ständig wiederholter gleicher Reiz nicht mehr wahrgenommen wird. Ich habe Leute getroffen, die nicht mehr wußten, welches Bild über ihrem Sofa zu Hause hing. Man nimmt eine Sache wahr, gewöhnt sich daran – und beachtet sie nicht mehr. Das Gehirn schaltet ab, wenn immer dieselben Informationen geliefert werden. Wenn ich möchte, daß Dinge in meinem Zimmer wirken sollen, brauchen sie ihren Raum, aber auch ihre Zeit. Ein Bild, das eine Zeitlang aufgehängt wird, findet Beachtung. Dann sollte wieder einmal ein anderes eine Chance bekommen. Der Rhythmus macht Spaß. Das ganze Jahr »Christkindlmarkt« kann einem die Weihnacht vermiesen.

Fühlen wir uns in unserem Raum doch einmal als Regisseure. Inszenieren wir doch unseren Raum, geleitet von Neugier, dem Bedürfnis nach Wohlbefinden und den Zielsetzungen unserer Arbeit.

Wir und unsere Kinder verbringen so viel Zeit in unserem Raum, daß ein meditatives und kreatives Nachdenken darüber einen Gewinn darstellt. Alle zusammen werden wir unseren Spaß haben und sicher die Blumensträuße auch, die wir so aufstellen, wie sie es verdienen.

Kinder

- sind sensibel. Sie sind glücklich, wenn sie ihre Sinne benützen können.
- sind neugierig. Sie wollen die Welt erfahren und erobern.
- wollen teilhaben. Sie können mit-leiden und sich mitfreuen, sie können helfen und auch trösten.
- haben Temperament. Sie wollen manchmal Lärm machen und sich austoben können.
- brauchen Ruhe. Sie haben auch Sehnsucht nach Orten und Zeiten der Stille.
- wollen nicht alleine sein. Sie wünschen Kontakte, Anteilnahme, Solidarität. Sie brauchen Freundinnen und Freunde.
- brauchen Sicherheit. Sie wollen sich verlassen können, um sich nicht verlassen zu fühlen.
- wollen spielen, in jeder Form. Sie suchen Bühnen und Rollen, in die sie schlüpfen können.
- wollen sich verstecken können. Sie lieben Höhlen und Schlupfwinkel.

- brauchen Heimlichkeiten und Geheimnisse.
- wollen lernen und etwas leisten. Sie sind stolz auf Dinge, die sie können.
- suchen Grenzen. Uferlosigkeit macht sie unsicher und ängstlich.
- lieben aber auch das Risiko.
- stecken voller Wünsche. Ihre Träume und ihre Phantasie könnten die Welt verändern.
- brauchen Achtung und Anerkennung.

Eltern

Manchmal ist es schon sehr schwierig. Etliche Mütter und Väter wissen wirklich alles besser, verlangen für jede Aktion eine Erklärung und Erläuterung, stellen nur Ansprüche, sind ungeduldig und aggressiv. »Warum haben Sie ...?« – »Wann machen Sie endlich einmal ...?« Usw. Irgendwie hat man das Gefühl, die Moleküle im Raum verändern sich, werden stachelig und spitz, wenn bestimmte Leute ankommen.

Gott sei Dank gibt es auch ganz andere: Hilfsbereit, verständnisvoll, ausgeglichen und irgendwie zufrieden bringen sie ihre Kinder in der Frühe und holen sie später in der gleichen Stimmung wieder ab. Sie erleichtern uns die Arbeit, machen uns den Beruf wieder sympathisch, stimmen uns positiv.

Wir können uns die Eltern nicht aussuchen, auch wenn wir sie oft gerne anders hätten. Die Menschen sind nun einmal recht verschieden, und das hat wohl auch seinen Sinn.

Wir sollten über unsere Eltern viel nachdenken. Die meisten unserer Kinder verstehen wir besser, wenn wir die Eltern verstehen, die Mütter, die Väter, ihre Lebensumstände und Beziehungen. Arbeit oder arbeitslos, isoliert oder sozial eingebunden, arm oder reich, verschlossen oder offen? Dazu unsere zahlreichen Eltern aus anderen Nationen. Sind sie hier zu Hause oder entwurzelt, haben sie Angst, können sie sich verständigen, haben sie Freunde?

Wie wir haben sicher alle ihre Probleme und wollen das Beste für die Kinder. Viele ehrgeizige Eltern haben einfach nur Angst. Sie fürchten die Blamage – ein großes Mißverständnis –, wenn ihre Tochter oder ihr Sohn

nicht am allerbesten, am beliebtesten ist. Sie
fürchten bereits um das Abitur, wenn die Kinder mit Spielen oder gar mit Nichtstun die
Zeit verplempern. Sie haben also Probleme,
die sie gerne weitergeben, weil sie dann
Schuld zuweisen können. Sie können einem
leid tun. Zunächst tun wir uns aber leid, und
das mit Grund. Also sollten wir nachdenken
und Phantasie aufwenden, wie wir solche
Eltern gewinnen und verstehen können.

Eine kleine Situation aus den vielen Jahren, die ich regelmäßig in Kindergärten ver-
brachte, hat sich mir eingeprägt: Die fünf-
jährige Jule hatte eine hochinteressante,
wunderschöne Zeichnung gemacht. Ich war
begeistert. Als ihre Mutter sie am nächsten
Morgen brachte, sprach ich sie an. Ich fragte
sie, ob sie ein paar Minuten Zeit habe, ich
wolle ihr etwas zeigen. Ich holte die Zeichnung und erklärte sie voller Hochachtung vor
Jule. Ich konnte berichten, daß ihre Tochter
so konzentriert, so kameradschaftlich und
hilfsbereit, so mit-fühlend bei allem beteiligt
sei, daß es eine Freude sei, mit ihr zu arbeiten. Die Mutter freute sich sichtlich auch.

Nach ein paar Wochen fragte sie mich, ob ich ein paar Minuten Zeit hätte, sie wolle sich bedanken für das, was ich das letzte Mal über Jule gesagt hätte. Ich fand nichts Besonderes dahinter. Ich wollte die Mutter ja nur an meiner Freude teilhaben lassen. Doch dann brach es heraus: An jenem Morgen wollte sie alles hinschmeißen. Sie konnte einfach nicht mehr. Das kleine Geschwisterchen von Jule hatte die ganze Nacht geweint. Es bekam Zähne. Die Mutter war an der Grenze ihrer Leistungsfähigkeit angelangt. Zu allem Überfluß hatte sie sich in der Frühe noch mit ihrem Mann gestritten, und dann, Tempo, in den Kindergarten. Sie wußte nicht, wie das alles weitergehen sollte ... Und dann wurde auf einmal ihre Jule so gelobt. Sie freute sich und war stolz. Es half ihr, »oben und unten« wieder zu unterscheiden. Dabei war das so leicht gewesen.

Vielleicht sollten wir öfters derartige »psychische Geschenke« machen. Wir spüren es ja auch, wenn die Mütter atemlos, traurig, verzweifelt ankommen, wenn wir fühlen, daß eine Beziehungskrise sich anbahnt, wenn Existenzängste, Trennungen, Kummer den Sinn des Lebens verstellen und verdunkeln.

Natürlich würden *wir* selber auch gerne dieses Verständnis erfahren. Der Weg zu einer humanen Gesellschaft beginnt mit kleinen Schritten. Wir sollten unseren Ärger und Stolz öfter beiseitestellen und mit solchen Schritten anfangen.

Ich weiß aus Erfahrung, daß so auch viele Freundschaften, Arbeits- und Projektgruppen entstanden sind und daß es lernbar ist, miteinander auszukommen und zu leben.

Natürlich gehen einem die Besserwisserei und unberechtigte Machtkämpfe auf den Wecker. Man muß nur wirklich den Mut haben, auch seine eigenen Gefühle einmal auszusprechen. Im Einzelgespräch oder in der Gruppe, mit einer Referentin als Basis oder als Beitrag zu einem Gesprächsforum. Aber bitte keine übertriebenen Machtdemonstrationen!

Es geht ja immer um unsere Kinder, deren Wohl und gefestigte Zukunft wir alle wollen. Das könnte und müßte uns zusammenführen.

Vielleicht sollten wir einfach mehr Feste feiern, die Eltern, die Kinder und wir gemeinsam als Ausdruck von Freude und Begegnung, nicht als Publikumsforum für arbeitsreiche Vorführungen. Vielleicht könnten wir mit den Müttern und Vätern einmal ein

Schattenspiel einüben für die Kinder, nicht immer nur umgekehrt.

Jedenfalls sollten die Eltern die Gewißheit haben, daß wir ihre Kinder wirklich mögen. Und bei den Unbelehrbaren, Sturen, Lieblosen, Streitsüchtigen sollten wir versuchen, gelassen zu bleiben. Irgendwann ist auch unser Dienst zu Ende, und wir schließen die Türe unseres Raumes von außen. Dann beginnt unser Privatleben ...

Zur pädagogischen Gewissenserforschung gehören auch die Eltern. Sie haben Probleme, wir haben Probleme. Das Geheimnis für eine Lösung heißt: miteinander.

Vor einiger Zeit hat mir eine Mutter erzählt, daß sie in ihrem Leben viel geändert hat durch ein Erlebnis, das sie mit ihrem Sohn hatte. Sie wachte nachts auf, weil er im Schlaf sprach. Erschrocken hörte sie: »Ich schick' mich doch schon, Mama. Ich mach' schon schnell, Mama. Warte doch, Mama, ich kann es nicht so schnell. Mama, Mama!« Die Mama schickt sich, wir beeilen uns, die Kinder sind gehetzt. Muß das sein?

Was wir wieder brauchen, ist Gelassenheit.

Mein Team

An manchen Tagen ist es zum Haareaus-
reißen. Man ist fix und fertig, müde, abge-
schlagen, man möchte fliehen, nach Hause,
in die Badewanne, aber nichts geht. Es ist
noch eine Sitzung, eine Teambesprechung.
Alle sind in einem ähnlichen Zustand. Lang-
atmig werden Termine besprochen, Probleme
gewälzt. Der Raum ist mit Blei gefüllt, niemand lächelt, die Zeit schleppt sich hin, die
Gedanken kriechen. Nichts macht Spaß.
Dann fauchen sich noch zwei Kolleginnen an.
Niemand ist wirklich souverän. Niemand
steht über der Sache.

So schlimm ist es ja nicht immer, Gott sei
Dank. Wenn ich aber den Erzählungen der
Erzieherinnen glauben darf, auch nicht ganz
so selten.

Muß das sein? Sicher sind oft alle müde,
aber alle sehen auch ein, daß man sich von
Zeit zu Zeit treffen muß, um Vorfälle, Feste,
Elternabende, Ausflüge und Sonstiges zu
besprechen. Wie gesagt, niemand wüßte
nicht auf Anhieb 20 Sachen aufzuzählen, die

ihm im Augenblick lieber wären als diese Besprechung.

Noch einmal also: Muß das so sein?

Könnte man nicht mit gutem Willen auch eine schöpferische Pause daraus machen? Dazu gehört aber zunächst wirklich eine Pause mit Tee oder Kaffee und etwas Gutem zum Knabbern. Wäre es zu viel verlangt, wenn jeweils abwechselnd eine oder zwei aus dem Team diese Pause vorbereiten würden? Dann könnte eine andere Teilnehmerin eine geistige Pause einleiten. Das braucht ja alles nicht zu lange zu dauern. Ein Lesetext, den sie gefunden hat, eine neue Technik, ein geistiges Mitbringsel aus einer Fortbildung, ein bißchen Musik, ein Gedicht mit ein paar Gedanken dazu. Das muß ja nicht gestelzt daher kommen. Es könnte sehr normal sein, etwas mitzuteilen, d.h. zu teilen aus der eigenen Begeisterung.

Das mag anfänglich etwas klebrig sein, zäh, vor allem ungewohnt, so viel von sich zu zeigen. Nachdem dieses Team aber im selben Boot sitzt und gemeinsam nicht nur über einen windstillen See rudern kann, sondern

auch manchen Strudel und manchen Sturm
mit hohen Wellen überleben muß, ist die
Gemeinschaft, in der man ehrlich zueinander
ist, sich gelten läßt, tolerant und vielleicht
sogar ein bißchen neugierig, von tragender
Bedeutung. Wenn zwei in Streit geraten,
können doch die anderen vermitteln, viel
leicht im Einzelgespräch, vielleicht in der
Gruppe, ohne jemanden bloßzustellen, besorgt, daß alle ohne Gesichtsverlust aus der
Affäre herauskommen.

Ich bin sicher, daß die Gesamtlänge der Sitzung dadurch nicht überzogen wird, weil die eigentliche Arbeit einem leichter fällt, wenn man sich zunächst etwas erholt hat. Man muß nur wirklich entschlossen sein, den anderen zuzuhören, aufmerksam zu sein. Und ein paar Spielregeln einhalten. Zum Beispiel sollte nicht jeder Vorschlag sofort unter die Dampfwalze der Diskussion geraten. Einfach einmal Vorschläge sammeln, notieren, beachten, mit eigenen Ideen reagieren – aber nicht kritisieren und diskutieren. Das tötet den Ideenfluß schon im Entstehen. Es muß auch nicht alles brauchbar sein. Vieles kann utopisch bleiben. Utopisches löst bei anderen Teilnehmerinnen vielleicht brauchbare Vorschläge aus.

Kennerinnen haben längst bemerkt, daß ich gerade die Grünlichtphase eines klassischen Brainstormings beschrieben habe. Wer mit dieser Denktechnik arbeitet, wird immer wieder mit Erstaunen miterleben, welche Fülle von Einfällen hier in kurzer Zeit zusammengetragen wird. Es gibt wegen der verschiedenen Reaktionen auch viel zu lachen.

Brainstormings machen wirklich Spaß, auch wenn dann in der Rotlichtphase der Rotstift persönlich dran kommt und die Vorschläge sortiert werden nach brauchbar, unbrauchbar, nur mit erheblichem Aufwand an Geld, Arbeit, Einsatz zu realisieren, bedingt zu akzeptieren, bis die goldene Idee da ist. Die können wir brauchen, das machen wir!

Wenn es wirklich einmal Konflikte von innen oder von außen gibt, sollte man zunächst mit Abstand analysieren, wie sie zustande kamen, was der Grund ist, worin die Zündstoffe bestehen: kühl und sachlich. Ebenso sollten Lösungsmöglichkeiten erwogen, Vermittlungsaufgaben vergeben, notfalls erklärende oder entschuldigende Briefe konzipiert und eine baldmögliche Lösung angesteuert werden.

Am wenigsten Zeit sollte man haben für unnötige Reibungsverluste.

Erfreulicherweise gibt es auch außerordentlich viele Dinge zu besprechen, auf die man sich freuen kann.

Es ist sicher keine schlechte Idee, einen Jahresplan für das Team aufzuhängen. Da müßten z.B. alle Geburtstage drin stehen, die ausgerichtet werden sollten *für* das Geburtstagskind, nicht *von* ihm.

Einige schöne Essen, ein Ausflug, ein Museums-, Theater-, Kinobesuch oder ähnliches. Man glaubt gar nicht, wieviel Freude man organisieren kann, wenn man nur will.

Normalerweise kann man sich sein Team nicht aussuchen, sondern findet zumindest den Großteil vor. Man muß ja nicht gleich miteinander in Urlaub fahren. Allerdings ist man Teil dieses Teams und gestaltet es mit. Wie ich in den Wald rufe ... Wir können doch wohl unterstellen, daß sich alle Mühe geben im Rahmen ihrer Möglichkeiten und daß alle im Grunde ihre Kinder wirklich mögen. Und wenn eine einmal »nicht so gut drauf ist«, wäre es eine Überlegung wert, warum. Vielleicht wären ein Kompliment, Verständnis, Trost und Unterstützung dringend notwendig, d.h., solche positiven Zuwendungen könnten die Not wenden. Ein gutes Team ist jeden Einsatz wert. Man arbeitet selbst gerne mit, wird motiviert, und manche Last ist im Team leichter zu tragen.

Gegengewichte

**Worte, die ich
gerne einmal
hören würde**

Ich hab dich gern.
Das gefällt mir.
Danke.
Du siehst gut aus.
Tolle Idee!
Du bist umwerfend.
Das hast du gut
   gemacht.
Es ist schön, daß du bei uns bist.
Du hast so viel Freude in dir.
Du bist so lustig und unterhaltsam.
In deiner Gesellschaft fühle ich mich wohl.
Mit dir kann ich gut reden.
Du kannst gut zuhören.
Du verstehst mich, weil du dich gut
   einfühlen kannst.
Du bist sehr warmherzig.

Dieses Problem hast du gut gelöst.

Du hast einen guten Geschmack, dich zu
  kleiden.

Du bist vielseitig begabt.

Du hast mir sehr geholfen.

Mit dir kann man Pferde stehlen.

Du gefällst mir.

Gehen wir zusammen einen Kaffee trinken?

Du bist super.

Du siehst so jugendlich aus.

Warte, ich helfe dir.

Wie geht es dir? Wie fühlst du dich?

Du bist vertrauenswürdig.

Du hast so viel
  Verantwortungsgefühl.

Du bist eine tolle Freundin.

Ich wünsche dir einen guten Tag.

Du bist gerecht und ehrlich.

In diesem Kleid siehst du schlank aus.

Macht nichts, wenn's nicht sofort gelingt.

Bleib so, wie du bist.

Du hast schöne Haare.

Wo nimmst du nur ständig deine guten
  Ideen her?

Du strahlst heute wieder.

Solche Worte sollten eigentlich Selbstver-
ständlichkeiten sein. Daß eine Gruppe von
Südtiroler Erzieherinnen sie so aufgezählt
hat, zeigt aber, daß sie in Wirklichkeit so nicht
oder viel zu selten fallen. Dabei würden alle
sehr gerne solche Worte hören, die Kinder,
die Eltern und die Kolleginnen. Sollten *wir*
nicht einfach damit anfangen?

Ein Funken Vertrauen, einmal erwacht,
öffnet für immer den Weg.

Jitoku Eki, 12. Jahrhundert

Ausruhen

Ich ruhe aus, einen ganzen Tag lang

Ich drücke mein Kissen zurecht
und, ohne ein Wort zu sprechen, liege ich
so in einem leeren Raum.
Nur ich weiß, daß ich den ganzen Tag
so verbracht habe.
Ich bin nicht krank.
Ich haben keinen Augenblick geschlafen.

Ich schlafe ein

Ich drehte mein Kopfkissen um
und schlief wieder ein.
Schließlich wandte ich mich um
und streckte mich.
Die Papierfenster sind hell.
So weiß ich, daß es Tag geworden ist.
Trotzdem bleibe ich im Bett,
weil mein Schlafrock warm ist
wie der Frühling.
Laß mich faul sein!
Lieber verwöhn ich mich mit netten Worten.
Draußen kräht der Hahn,
aber ich schlafe weiter.
Ich will nicht länger mit denen wetteifern,
die früh zum Hofe eilen.

Bai Juyi

Meine Sinne

Nachts, in einem Boot.
Schön ist das Seeufer nach dem Regen.
An der Brücke regt sich
ein lieblicher, kühler Lufthauch.
Zwei Kraniche
und mein kleines Boot.
Drei Verwandte
– spät in der Nacht – bei Mondlicht.

Bai Juyi

Dieses Gedicht ist um 800, also vor 1200 Jahren entstanden, in der Gegend von Hangdschou in China. Bai Juyi war Beamter, in der Verwaltung tätig und hatte sich diese Sensibilität bewahrt, diese Empfindsamkeit und die poetische Feinfühligkeit im Umgang mit Worten. Seine Gedichte ergreifen uns heute noch, weil sie etwas zeitlos Menschliches ausdrücken. Hier haben kein Fortschritt, kein elektrischer Strom, kein digitales System, keine Medien, keine Geschwindigkeit, keine Möglichkeiten der Fortbewegung etwas verändert. Im Herzen ist sich der Mensch gleich geblieben, auch in seinen Ur-Bedürfnissen und seiner Hoffnung auf Glück. Glück aber wird über die Sinne erfahren. Die Gefahr, daß die Reize uns überfluten und uns die Möglichkeit nehmen, eben dieses Glück zu erfahren, ist groß. Wir müssen deshalb gegensteuern, innehalten, auf-hören, verweilen und unsere Sinne öffnen.

Wir können es, wenn wir wirklich wollen.

Sehen
»Der Reis steht ziemlich hoch. Überall
sind kleine Opfergestelle für die Reisgöttin
aufgestellt. Manche mit farbigen Bändern.
Wir laufen hoch an der Steilküste entlang.
Große Brecher steigen an den Felsen hoch
und fallen gischtend in sich zusammen.
Sonst ist alles friedlich und still.
Entfernt einige Vulkane. Tiefblauer Himmel.
Schönwetter-Wolken wie Schiffe.
Im Hintergrund steht der heilige Berg
Gunung Agung. Seine tiefschwarzen Steine,
die er bei Ausbrüchen aus seinem Inneren
spuckt, werden auf die Altäre gelegt.
Er ist wie aus einer anderen Welt, teilweise

fast schwarz, violettgrau und braun.
Dazu der eisgraue Batursee, die Felsen an
der steilen Wand zum Wasser hinunter. –
Wilde, theatralische Wolken ziehen auf.
Über unzählige Stufen steigen wir hinauf
zum Penelusan-Tempel. Auf einzelnen
Terrassen stehen kleine Vorgebäude aus
Holz mit Strohdächern. Durch zwei Tore
betreten wir den eigentlichen Tempel-
bereich. Sie sind nach oben offen, nur zwei
hohe Quader kennzeichnen den Eingang.
Hierher verirren sich kaum einmal Touristen.
Nur ein neugieriger Bub ist da. Er weicht
uns nicht von den Fersen. Von hier sehen
wir weit über Bali. Wir sind über den
Wolken. Zwei Frauen kommen mit Körben,
um Futtergras zu schneiden. Auch sie
sind sehr neugierig. Eine singt
wunderschön ...«

(Aus meinem Reisetagebuch)

Jeder Tag könnte für uns eine Augen-weide
sein: Wir leben z.B. in einem Lichtkonzert.
Jedes Wetter, jede Jahreszeit, jede Stunde am
Tag läßt die Dinge in einem anderen Licht

erscheinen. Wir müßten nur hinschauen und mitleben. – Oder die Schatten. Sie führen ein bizarres Eigenleben. Meist sehen wir sie gar nicht. Wir schauen nur auf die Dinge. – Dann natürlich die Menschen, die Kinder: ihre Gesten, ihre Kleidung, ihre Ausstrahlung. – Oder unsere Wohnung, unser Haus, unser Ort. Usw. Wir müssen nur wieder die Augen öffnen, sie aufmachen, um die Welt einzulassen und zu erfahren.

Im Dauerlauf geht das allerdings nicht. Wir müssen uns Zeit nehmen. Gehen wir doch einmal in ein Museum, suchen wir uns *ein* Bild aus, das uns besonders gut gefällt, und schauen wir es eine Viertelstunde lang an. Wir werden eine sonderbare Feststellung machen. Es eröffnet sich ein Dialog. Das Bild berührt uns, packt uns, spricht uns an. Eine Viertelstunde ist nicht viel. Versuchen wir es einmal, wir werden sehen, wieviel es da zu sehen gibt und wie lange 15 Minuten sein können.

Hören

Am Yiai-Tempel

Müßig sitze ich
am Ufer des Flusses,
spiele mit Steinen,
suche nach wilden Blumen am Tempel
und höre auf den Gesang der Vögel.
Rings um mich
das Glucksen des Frühlingswassers.

Bai Juyi

»Ich gehe über eine Wiese auf den Wald zu,
den Kopf voller Gedanken. Allmählich sehe
ich klarer, aber mit nach innen gedrehten
Augen. Ich nehme noch nichts wahr.
Plötzlich packt mich ein Blau zwischen den
Wolken. Jetzt bin ich da. Wunderschön
das Graubraun der Erde und das Grün der
Pflanzen. Die Baumstämme wirken fast
orange vor der dunklen Wand des Waldes.
Noch höre ich nichts, ich sehe nur. Da,
auf einmal, das Lied einer Amsel. Es weckt
mich auf. So viele Geräusche, der Wind, der
Bach, die Blätter, mein Schritt über die Erde,

über ein glucksendes Stück Moor, über den weichen Waldboden. Das Land singt sein Lied, und ich höre es ...«

Es ist fast nirgends mehr still. Überall Lärm, Rumor, Unruhe, Hektik. Wir hören nur noch die Extreme, das andere wird herausgefiltert. Es quält aber doch. Wir verlieren den Sinn für die Feinheiten. Lautstärke ist Trumpf. Wenn wir krank im Bett liegen, spielt uns das Zimmer seine Melodien vor. Sie wären immer zu hören, wenn wir unsere Ohren öffnen würden. Musik läuft als Dauerberieselung im Hintergrund, ständig und inständig. Hören wir sie noch? Auch hier hilft nur ein gezielter Ausbruch. Zeit nehmen, hinsetzen und einhören. Sich einer Musik wirklich überlassen, die Stimmung übernehmen, die Assoziationen auskosten, genießen. Wir werden feststellen, wie unsere Phantasie das Fenster aufmacht und lebendig wird.

Mit dem Gitarristen und Komponisten Sigi Schwab kann man zauberhafte Phantasiereisen unternehmen, mit Arvo Pärt ruhig und meditativ zuhören und mit Mikis Theodorakis Liturgy No. 2 ›For the children, who where killed in war‹ (Für die Kinder, die im Krieg getötet wurden) all die grauenhaften Meldungen in den Medien aufarbeiten. Jeder Mensch wird sich sicher *seine* Musik aussuchen. Das Geheimnis liegt nur im Auf-hören und Hin-hören. Das wird auch den Alltag akustisch wieder zum Abenteuer machen.

Riechen

Etwas wie Blütenduft,
etwas wie leichter Nebel
zieht ein um Mitternacht,
verschwindet mit der Dämmerung.
Manchmal kommt es ganz kurz
und bleibt nur so lang
wie ein Frühlingstraum.
Dann löst es sich gänzlich auf
wie Wolken am Morgen.

Bai Juyi

»Rosa sind die Blüten unseres Rosenbuschs.
Er fühlt sich offensichtlich hier wohl. Sehr
groß ist er geworden, bedeckt die Läden und
einen Teil der Fenster. Jedes Jahr freuen wir

*uns darauf, wenn er zu blühen beginnt.
Es sind wunderschöne, feste Rosen.
Den ganzen Sommer über blüht er, mit
unzähligen Blüten – und duftet. Es ist ein
schwerer, voller Duft. Man bleibt stehen
und schnuppert ungläubig. Man setzt sich
und wird ruhig, still und offen. Ein Fest
für die Augen und für die Nase. Nun läßt
sich noch das ruhige Summen der Bienen
und Hummeln vernehmen. Ein Symbol des
Friedens ...«*

Manchmal schrickt man auf. Man hat einen
Geruch aufgenommen, und plötzlich taucht
ein längst vergessenes Bild aus der Kindheit
auf. Viele Erinnerungen, vielleicht sogar existentielle Erlebnisse, sind mit Gerüchen ver-
knüpft. Leider benutzen wir unseren Ge-
ruchssinn meist nur bei heftigen Attacken,
wenn es intensiv duftet oder stinkt, – dabei
sind wir fast ständig von differenzierten
Gerüchen umgeben. Wir brauchen nur die
Augen zu schließen und zu riechen, und
schon bekommt unsere Welt eine andere
Dimension.

Schmecken

Riechen und Schmecken hängen eng zusammen. Wenn wir z.B. am späten Sonntagmorgen hungrig durch die Stadt gehen und überall riecht es so gut nach Essen, läuft uns so richtig das Wasser im Mund zusammen. Oder wir nehmen gerade eine Fastenzeit auf uns und lesen abends in einem Buch auf der Terrasse oder auf dem Balkon: Grillt da nicht wer fünf Häuser weiter?

Grün sind die Reben. Sie verheißen neuen
*   Wein.*
Rot ist der Ofen aus Ziegeln.
Dunkel ist es. Nach Schnee sieht es aus.
Wollen wir nicht Tee trinken?   Bai Juyi

Zum Genießen gehört die richtige Umgebung. Essen, Menschen und Raum müssen zusammenpassen. Ein Stück Brot auf dem Gipfel, ein Menü im Feinschmeckerlokal, die Lieblingsspeise bei der Mutter, eine Einladung bei guten Freunden – all das sind Höhepunkte. Wir sollten sie nicht versäumen, indem wir schon wieder an die nächsten Schritte denken.

Sogenannte Arbeitsessen jedoch finde ich unmenschlich und fast pervers. Da wendet sich der zuständige Heilige, San Cucino, mit Grausen ab.

»Setz dich hin und sei gern da!«, sagt man in Bayern. Und fast überall kennt man den Spruch: »Essen und Trinken hält Leib und Seele zusammen.« Für diese Einheit können, sollen, müssen wir etwas tun.

Und gibt es eine schlichtere Wahrheit als die: »Es gibt einfach nichts Besseres als etwas Gutes.«

Tasten
»Mein Stein schmeichelt sich in die Hand.
Er paßt genau. Im Meer von Carrara habe
ich ihn gefunden. Länglich, überall abge-
rundet lag er am Strand und wurde von den
Wellen bewegt. Er wurde wohl Hunderte von
Jahren im Meer gerieben und geschliffen,
eigens für mich, für meine Hand. Mein
Handschmeichler aus weißem Marmor gibt
mir Kraft und auch Sicherheit. Er fühlt
sich in mich ein und teilt sich mir mit.
Er teilt.«

Wir be-greifen die Dinge viel zu wenig, deshalb begreifen wir vielleicht auch so wenig. Wir haben den Tastsinn an die Augen weitergegeben. Auf Grund unserer Erfahrung glauben wir beim bloßen Hinsehen schon zu wissen, wie sich das anfühlt. Welch riesiges Mißverständnis! Berühren verboten? Ich muß nur einmal meine Tischplatte anfassen, dann spüre ich sie; ich streichle sie und spüre sie wieder; ich schlage drauf, ich packe sie. Immer derselbe Tastsinn, aber ist es die gleiche Tischplatte? Teilt nicht auch sie sich differenziert mit? Unsere Hände und auch unsere ganze Haut stellen Verbindungen her, holen Mitteilungen, Botschaften ein über die Welt, in der wir leben, über den Raum, der uns umgibt, über die Menschen, mit denen wir umgehen. Zugleich sind wir Sender und Empfänger. Wir sind wer in dem Spiel, in dem großartigen Spiel unserer Sinne.

Die Kultur, d.h. die Pflege unserer Sinne ist eine Lebensaufgabe mit unzähligen Er-lebnissen und Belohnungen. Es lohnt sich für uns und die Kinder, sich dafür zu öffnen.

Wunsch

*Wir wünschen uns einen Menschen,
der in seinem Erleben nicht eingeengt ist
durch schematische Gemeinvorstellungen,
sondern der fähig ist, die Fülle seiner
großartigen Sinneswahrnehmung in ihrer
Differenziertheit hier und jetzt zu genießen.*

*Wir wünschen uns einen Menschen,
dessen kreative Fähigkeiten so ausgebildet
sind, daß er in Freiheit sich und seiner
Umgebung ein Leben schafft, das den sich
verändernden Bedingungen entspricht.*

*Wir wünschen uns einen Menschen,
der nicht engstirnig einem eingedrillten
Denkschema gehorcht, sondern der sich
der Komplexität menschlicher Erkenntnis
und menschlichen Empfindens zugleich
bewußt ist.*

*Wir wünschen uns einen Menschen,
der für die kostbaren Werke der Kultur zur
Bereicherung seines Lebens aufgeschlossen
ist.*

Gegengewichte

Wir wünschen uns einen Menschen,
der wieder in der Lage ist, seine Umgebung
so zu gestalten, daß er daran Freude hat.

Wir wünschen uns einen Menschen,
der sich der Relativität seiner eigenen
Wertvorstellungen bewußt ist, der nicht
nach abstrakten Idealen strebt, sondern
nach einem glücklichen Leben und nach
dem Glück seiner Mitmenschen.

Aus: Daucher/Seitz, Didaktik der Bildenden Kunst,
12. Aufl., München 1982, Seite 112 (vergriffen).

Grundsätze

Hilfe, ich muß planen

Man kann einfach nicht alles aus dem Repertoire holen, und wenn man noch so viel Erfahrung hat. Routine hilft einem über vieles hinweg, sie tötet aber auch. Auf der Strecke bleiben die wirkliche Begeisterung, die Spontaneität, die Bereitschaft, eine Sache wieder einmal ganz anders und neu anzupacken, und das direkte Sich-Einstellen auf die Situation und auf die Kinder.

Was bleibt dann eigentlich noch? Wer immer aus der Routine lebt, dem rutschen langsam sowohl die Inhalte weg wie auch der Sinn. An ihre Stelle rücken schnell Überdruß, Langeweile, Anstrengung, und man verliert leicht die Motivation. Das bedeutet, ich muß mir immer wieder etwas ausdenken, muß meine eigene Phantasie und Kreativität aktivieren, um zu neuen Lösungen zu finden.

Als erstes muß ich mich fragen: Plane ich diese Einheit, diese Aktion für sich oder ist

sie ein Mosaikstein in einem großen Bild? Keine Frage, wozu ich raten würde!

»Wer das Ziel nicht kennt, kann den Weg nicht finden«, sagt man. Unser Ziel ist doch wohl der selbständige, demokratiefähige Mensch, aktiv in seinem sozialen und politischen Geflecht, verantwortungsbewußt und -fähig, ausgestattet mit Phantasie und Kreativität, ein Mensch, exakt im Schnittpunkt oder besser im Zentrum von Linien, die einerseits in der Waagrechten liegen und andererseits von unten nach oben führen.

Das ist jetzt ein ganzes Definitions-Bündel geworden; gemeint ist jedoch nichts anderes, als daß ich »den Menschen im Menschen« ansteuere. Nun beginnt die Überlegung, ob das, was ich morgen und übermorgen konkret vorhabe, an diesem Wege liegt oder ob es »ganz draußen« angesiedelt ist als reine Beschäftigung, die – böse gesagt – hilft, den Vormittag herumzubringen. Ich bin ganz sicher, daß wir uns in dieser Grundüberlegung einig sind. Die Frage aber bleibt: Wie komme ich zu geeigneten Ideen, Impulsen?

Natürlich gibt es viel Fachliteratur, Gespräche mit Kolleginnen, Erfahrungsaustausch, Fortbildungen. Aber irgendwann bin ich allein. Ich muß zu Entschlüssen kommen. Die Methoden, da hinzukommen, sind so verschieden wie die Menschen und ihre Temperamente. Manche brauchen Sauerstoff und Bewegung, andere laufen durch ein Kaufhaus, weil die vielen Reize und die unruhige, farbige Umgebung eigene Ideen anlocken. Wieder andere haben einen Schuhkarton voller Zettel, lauter Ideen, in dem durch

»Wühlen« neue Einfälle ein-fallen. Wieder andere benützen Notizblöcke mit Kleberand, die es in allen Farben gibt. Sie werden mit Stichworten versehen auf eine Wand oder Tür geklebt, bis ein ganzes Ideenmenü beisammen ist. Dann werden sie in Systeme gehängt. So wachsen einem Einheiten zu, die man vorher noch nie erdacht hatte.

Wieder andere haben lange Papierstreifen an der Wand hängen. Da werden Stichworte notiert. Allmählich werden diese Streifen immer reicher und wertvoller.

Wie gesagt, da hat sicher jede ihre Methode.

Man sollte diese Rituale nicht unterschätzen. Sie sind wirkliche Hilfen. So entstehen Ideenbanken, auf die man einzahlen und von denen man abheben kann. Es sind Brainstormings, die vieles anwehen, bewegen.

Manchmal helfen einfach auch kleine Checklisten, die man zur Anregung einmal durchliest. Auch die kann man sich selbst zusammenbasteln, z.B. so ähnlich gegliedert:

im Raum, im Freien, als Ausflug, als Besuch (man besucht oder wird besucht) jedes Kind einzeln, in Gruppen, alle zusammen, zusammen mit einer Kollegin und ihrer Gruppe, die ganze Tagesstätte

nachdenken und sprechen, besprechen, diskutieren, fragen, kritisieren, raten

singen, musizieren (mit Orff-Instrumenten oder mit selbst gemachten und gesuchten Instrumenten, z.B. mit einer umgedrehten Schublade als Trommel usw.), Pantomime, tanzen

spielen in jeder Form

zeichnen, malen, kneten, bauen

meditieren, still werden

sehen, riechen, schmecken, tasten, hören

Materialien: Papier, Holz, Laub, Sand, Wasser etc.

Man wird sehen, wie man selbst durchgewirbelt wird, wenn man einmal anfängt, genauer zu überlegen:

»Wir können doch einmal wieder ...« – »Wir haben doch schon lange nicht mehr ...«

Wo, mit wem?

In der Fachsprache nennt man das hiermit Gemeinte Situationsanalyse. Das heißt, ich müßte meine Ausgangsposition fast meditativ durchüberlegen.

Welche Möglichkeiten bietet mein Raum? Sollte ich ihn umgestalten? Habe ich Möglichkeiten zum Theaterspielen (Menschen-, Figurentheater, Schatten-, Maskenspiel, Verdunklung, Lichtquellen)? Habe ich Schlupfwinkel? Kann ich Höhlen bauen, Brücken (Leitern, Seile)? Kann ich Möbel umfunktionieren, mit einbeziehen? Läßt sich die Decke behängen? Kann ich Schnüre spannen (Dübel und Ringschrauben)? Kann ich so den Raum untergliedern? Farbige Tücher? Vorhänge? Bretter? Große Packpapiere?

Genauso kann man über das Freigelände nachdenken. Nichts muß so bleiben, wie es ist. Zur Phantasie und Kreativität gehört der Glaube an die Veränderbarkeit von scheinbar festen Gegebenheiten. Der Raum wird zum Abenteuerspielplatz unserer Ideen sowie der Einfälle und Beiträge der Kinder.

Jetzt aber – meine Kinder. Nach dem Motto »Er ließ seinen einzigen Sohn im Halbkreis vor sich antreten ...« sollte man die ganze Schar vor seinem inneren Auge Revue passieren lassen und über jedes Kind nachdenken. Ich bin sicher, daß Sie in einem Heft sowieso schon einige Seiten pro Kind haben, auf denen Sie besondere Beobachtungen notieren, Ereignisse, Gedanken, Sorgen und Freuden. Das könnte hier schon sehr hilfreich sein. Von Zeit zu Zeit brauchen wir diese Bilanz. Worin besteht die Stärke dieses Kindes? Was macht es besonders gerne? Wo könnte es andere unterstützen? Wo braucht es selbst Hilfe? Wer könnte helfen? Mit wem ist es befreundet? Wird es gemieden, verspottet, ausgelacht oder geachtet, beachtet?

Manche Projekte entstehen aus dem Bedürfnis der Erzieherin, ein »Blümchen« von der Mauer wieder ins Zentrum der Wiese zu verpflanzen, den anderen vielleicht unauffällig zu zeigen, was dieses Außenseiterchen alles kann, wenn man ihm etwas zutraut, und wie gerne man es selber mag. Dahinter steckt eine sehr hohe pädagogische Ethik.

Sie setzt allerdings voraus, daß ich feinfühlig die Zusammenhänge sehe, erspüre.

Also noch einmal anders angesetzt: Gibt es Gruppen? Wer sind die Alphatypen (die Tonangeber), Machos, Softies? Wer muß leiden, sich ein- oder unterordnen? Gibt es Brutalos? Gibt es echte Freundschaften, Neigungsgruppen, Zweckgemeinschaften? Wer zerstört gerne? Warum? Usw.

Welches Kind war in letzter Zeit oft traurig, bedrückt, ängstlich, »nahe am Wasser«? Wer ist in Not, einsam, verzweifelt? Gibt es Überreaktionen (Wut, Trotz, Streitsucht, Tobsuchtsanfälle)?

Gibt es Einzelbedürfnisse von Kindern oder von der Gruppe? Behinderungen, Verhaltensauffälligkeiten?

Wenn ich anfange, so differenziert über meine Kinder nachzudenken, über ihre häuslichen Bedingungen und Möglichkeiten, über ihren wirklichen Bedarf an Unterstützung, Hilfe und Zuneigung, wird meine Planung kompliziert, aber angemessen. Und sie wird meiner Grundeinstellung entgegenkommen. An diesen Überlegungen kann ich meine ausgewählten Inhalte und Methoden messen und auch meine Reaktionen. Verhalte ich mich der Gruppe und dem Einzelkind gegenüber richtig? Was könnte ich ändern (siehe »Die Gewissenserforschung« Seite 33)? Sicher ist, daß 08/15-Lösungen eben keine Lösungen sein können und dürfen. Der Osterkorb, von allen Kindern nach Anleitung gleich geflochten, mit dem grünen Papiergras und den gefärbten Eiern in den Grundfarben, ist dann nicht mehr zu verantworten. Er langweilt und ist nur ein Symbol für straffe Disziplin. Mehr nicht. Die Begeisterung hält sich auf allen Seiten in Grenzen. Die von mir befragten Erzieherinnen verabscheuten ja gerade die immer wiederkehrenden Routinearbeiten (vgl. Seite 31). Wenn man die Sache anders anpacken würde, von der Erfindungsgabe der Kinder her, würden vielleicht nicht so perfekte Körbe entstehen, aber individuellere. Und wenn ein Kind für eine bestimmte Person ein Ei so bemalen würde, daß es ihr oder ihm eine Freude machen würde, hätten wir unsere österliche Aufgabe auch gelöst, aber ganz anders!

Und was die Vorstellungen mancher Eltern diesbezüglich angeht, so ist doch zu fragen: Von wem wurden solche Erwartungen eigentlich geprägt? Und weshalb sollten sie sich mit Geduld nicht neu prägen lassen?

Der offizielle Plan

Die Überschrift klingt schon sehr offiziell, und so ist es auch. Es gibt berühmte Jahres-, Monats-, Wochen-, Tagespläne, die offiziell gemacht wurden, oder, was schon viel besser wäre, im Team erarbeitet wurden. Sie ergeben Strukturen, Rahmen, an die man sich halten kann. »Rahmenplan« ist ein ganz schönes Bild, wenn man an einen Bilderrahmen denkt. In denselben Rahmen kann man ganz verschiedene Bilder stecken und, wenn sie zu klein sind, ein Passepartout schneiden. Sollten sie zu groß sein, läßt sich der Rahmen immerhin zum Suchen besonders schöner Stellen verwenden. Mit Phantasie wird auch ein eisiges Schneefeld zu blühen anfangen.

Vieles ist ja auch wirklich hilfreich. Trotzdem sollte man den offiziellen Rahmenplan
für die Gruppe ergänzen und in einen großen
Kalender eintragen. Etwa so:

Die Feste
Ostern, Pfingsten, Advent, Nikolaus,
Weihnachten usw.

Frühlingsfest, Sommerfest, Herbstfest, Winterfest

Johannisfeuer, Muttertag, Vatertag (Vorsicht in der Gruppe!), Geburtstage der Kinder, Nationale Feiertage, Festtage der Religionen (die in der Gruppe vertreten sind; vgl. den Kalender S. 171 ff.).

Fest
des Mondes und der Sterne, der Sonne, des Wassers, der Luft und des Windes, des Feuers, der Erde

Fest einer bestimmten Blüte, Geburtstag eines Tieres, Fest des Hauses, Fest der Märchen

Aktion
für die Natur, gegen Müll, gegen Abgase etc.

Wir sehen, wenn wir anfangen, den offiziellen Plan und die offiziellen Bedürfnisse von uns und unserer Gruppe her zu ergänzen, wird er auf einmal reichhaltig und reizvoll.

Mein persönlicher Plan

Ein wesentliches Merkmal einer guten Erzieherin ist meines Erachtens ihre Flexibilität. Man kann noch so gut vorbereitet sein, alles durchüberlegt und geplant haben – irgendein äußerer Anlaß kann alles über den Haufen werfen. Nichts stimmt mehr. Hier zeigt sich dann das Maß meiner Souveränität. Führe ich meine Einheit trotzdem durch oder kremple ich sie um, laß ich sie über Bord gehen, bringe ich neue Aspekte dazu oder mache ich die unerwartete Situation zum Thema?

Ich erinnere mich an eine solche Situation noch sehr gut. Ich arbeitete damals in einem Fertigbau-Kindergarten mit Innenhof. Man konnte diesen nur von zwei Gängen aus durch Türen betreten.

Ich hatte alles für ein Schattenspiel vorbereitet. Das Thema lag in der Luft. Ich hatte entsprechende Kartons, farbige Folien, Glasmalfarben, Musterklammern für die Gelenke der zu erstellenden Figuren und lange Dübelhölzer als Führungsstäbe besorgt. Es konnte sozusagen losgehen. Diese Rechnung hatte ich aber ohne den Wirt gemacht!

Am Abend hatte sich offensichtlich eine Katze in den Innenhof geschlichen und war eingesperrt worden. Die ganze Nacht muß sie verzweifelt versucht haben, wieder ins Freie zu kommen. Es gab nur einen Holunderstrauch als denkbaren Fluchtweg nach oben; der war aber zu niedrig. Als wir alle ankamen, war die Katze erschöpft, aber auch fuchsteufelswild. Sie kratzte und fauchte und ließ sich nicht helfen. Wir berieten. Dann öffneten wir alle Türen und zogen uns zurück, machten uns mit großen Augen unsichtbar. Endlich schlich die Katze hinaus und suchte das Weite. Großes Indianergeheul! Die Kinder waren sehr aufgeregt und glücklich zugleich.

Es war mir sofort klar, daß ich mein Thema »zusammenrollen« konnte. Keine Chance außer mit Gewalt. – Ein neues Thema, für das alle fast »existenziell« motiviert waren, ist mir in die Hand gelaufen. Eine Kollegin sagte indigniert: »Schade, ich hatte heute das Thema ›Arztbesuch‹.« Ja, wirklich schade.

Eine solche ab und zu geforderte Flexibilität setzt natürlich schon Fachkompetenz voraus. Wenn die Kinder singen, und ich kann sie nur mit der Flöte begleiten (die man aber auch virtuos spielen könnte), möchte ich wetten, daß etwa folgender Satz fällt: »Kinder, wartet, ich gebe euch den Ton an ...« Könnte ich sehr gut Orgel spielen, können die Kinder in jeder Tonlage singen: ich würde in die Tasten greifen und mitspielen. – Ich bräuchte also schon »eine fachliche Orgel« im Kreuz, das bedeutet: Fortbildungen besuchen, lesen, beobachten, Anregungen holen, offen sein ...

Das sei hier vorausgeschickt, weil ein noch so schön gestrickter offizieller und persönlicher Plan unter Umständen unsinnig werden kann.

Der persönliche Plan ist aber etwas ganz Wichtiges. Man kann sich das wie bei einem Musikstück vorstellen. Es gibt die offizielle Melodie, die abläuft wie geplant, wie gehabt, wie allgemein bekannt. Meine Sache aber ist es, wie ich diese Melodie unterfüttere. Baue ich Akkorde darunter? In welchen Harmo-

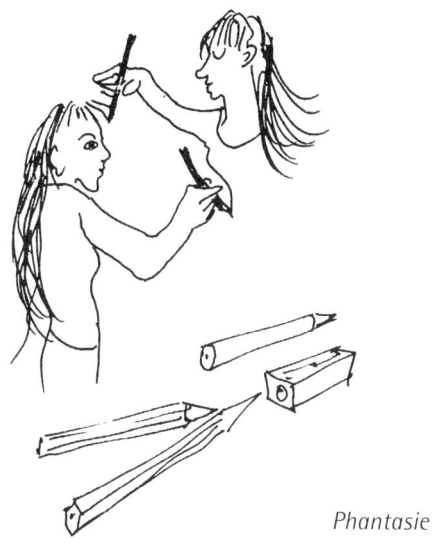

Phantasie

nien? Lasse ich zur Melodie eine Gegenme-
lodie mitlaufen? Frage und antworte ich mit
Melodiebögen? Wird es ein Duett, Terzett,
Quartett? Gibt es Streit oder Harmonie?

Das sind alles meine Entscheidungen –
nach meiner Vorstellung und Einstellung.

Der persönliche Plan meint viel deutlicher
meine eigene pädagogische Zielsetzung

139

innerhalb meiner Berufsauffassung in der konkreten Situation und mit diesen bestimmten Kindern.

Zu den Grundkenntnissen, Fertigkeiten und Fähigkeiten werden also Verhaltensweisen hinzutreten, die ich unterstütze und fördere. Ein Beispiel:

Wenn ich die Phantasie und Kreativität meiner Kinder für wichtig halte, werde ich selbstverständlich bei jedem Thema des offiziellen Planes überlegen, wie ich diese beiden Aspekte ermöglichen, fördern, unterstützen und stabilisieren kann. Das ist zunächst eine Herausforderung an meine eigene Phantasie und Kreativität. Ich muß mir sozusagen Lern-, Experimentier- und Erfahrungsfelder ausdenken, Spiele, Aktionen etc. unter dem Oberthema, die mich dem Fernziel des selbständigen kreativen Menschen mit Vertrauen in seine Fähigkeiten und dem entsprechenden Mut näherbringen können. Dabei sollte man sich zunächst klarmachen, welche Eigenheiten kreative, phantasievolle Personen ausmachen, wodurch diese sich von anderen Menschen unterscheiden.

Man zeichnet sozusagen ein Persönlichkeitsprofil. Jeder Strich bedeutet ein Charakteristikum, das ich fördern möchte. Im folgenden zähle ich etliche davon auf:

Sensibilität

Kreative Menschen sind sensibel, das ist eine Binsenwahrheit. Die Frage ist, ob ich mir genügend Spiele und Aktionen ausdenken kann, die diese Sensibilität mit einbeziehen oder vielleicht sogar voraussetzen. Dabei müßten wir vier verschiedene Arten von Sensibilität einplanen:

Wahrnehmungssensibilität: mit offenen Sinnen leben, aufnahmebereit sein für feinste Nuancen im anderen und in der Umwelt.

Emotionssensibilität: Kreative Menschen haben ein sehr differenziertes Gefühlsleben. »himmelhoch jauchzend, zu Tode betrübt ...« (Goethe im »Egmont").

Soziale Sensibilität: Einfühlungsvermögen in andere Menschen und deren Probleme.

Problemsensibilität: Feinfühligkeit Problemstellungen gegenüber. Wenn etwas nicht stimmt, schrillen die Alarmglocken.

Flexibilität

Es muß nicht immer alles so sein, wie wir uns das vorgestellt haben. Man findet sich schnell in neuen Gegebenheiten zurecht. Sie fordern einen heraus und führen zu neuen Lösungen (vgl. S. 135 f.).

Assoziationsfähigkeit

Das bedeutet, auf Anstöße von außen mit eigenen Bildern, Melodien, Worten, Ideen zu reagieren. In Felswänden Gesichter sehen, Wolken werden zu Schiffen, zu Gestalten, ein Wort löst ein Gedicht aus, zwei Töne können eine Melodie provozieren ... Originalität bedeutet Selbstwertgefühl, Selbstvertrauen, Mut, sich selbst anzunehmen. Das ist nicht einfach, bildet aber die Grundlage kreativen Verhaltens.

Sich eine Sache anders vorstellen können

Das setzt manchmal einen Wechsel der Perspektiven voraus. Man muß eine Denkgewohnheit aufgeben. Ich verlasse das eine Ufer, obwohl ich vielleicht das andere noch gar nicht sehe.

Mut und Bedürfnis sich zu äußern

Kreative Ideen sind neue Ideen. Man weiß noch nicht, ob sie gut sind. Manchmal muß man sich schon überwinden, um sie auszusprechen. Verständnislose Reaktionen sind möglich.

Spontaneität

Auch die ist notwendig, selbst wenn sie nicht immer gewünscht erscheint. Das kann den Lärmpegel gelegentlich schon höher schrauben, vor allem wenn noch Begeisterung und Temperament dazukommen.

Humor

Kreative Menschen lachen gerne. »Humor ist, wenn man trotzdem lacht.« Und er setzt inneren Abstand voraus. So läßt sich manches bewältigen, was zunächst wie ein unüberwindbarer Berg erscheint.

Diese Facetten zum Thema »kreative Persönlichkeit« sind in dem Buch »Phantasie und Kreativität« (Don Bosco, München 1998) sehr viel ausführlicher beschrieben und vor allem mit über 500 Spielvorschlägen unterlegt, so daß sich für die Praxis zahlreiche Möglichkeiten eröffnen.

Der persönliche Plan ließe sich etwa so vorstellen: Diese Facetten wie Sensibilität, Flexibilität etc. müßten zu Lernzielen werden. So könnten wir Lebens- und Erfahrungsräume aufbauen, in denen man sich gerne aufhält. An ein »offizielles Thema« müßten wir die Latte von Eigenschaften kreativer Menschen anlegen und dabei überlegen, welche horizontalen Weglinien auf unser Leitziel hinführen könnten. So entsteht ein Geflecht, ein Gewebe von außerordentlicher Vielfalt.

Aufgrund dieser verschiedenen Ebenen und Richtungen könnte der Alltag in der Kindertagesstätte sehr reich, an- und aufregend werden. Und wir selber könnten uns mit unseren spezifischen Interessen und Fähigkeiten voll einbringen.

Meine Methode

Natürlich gibt es ein methodisches Handwerkszeug für die Kindertagesstätte. Man erlernt schließlich diesen Beruf an den Fachakademien. Da bekommt man schon beigebracht, wie man ein Lied lernt, welche Gymnastik wie vermittelt wird usw. Ob *ich* das Werkzeug in dieser Form in *meinem* Kindergarten mit *diesen* Kindern so brauchen kann, muß sich weisen.

Augustinus sagte einmal: »Ama et fac, quod vis.« »Liebe und mach, was du willst.« Das meint, wenn Sie Ihre Kinder wirklich gernhaben, werden Sie mit Sicherheit nichts tun, was ihnen schadet. Im Gegenteil, Sie werden Ihr Augenmerk auf den Vorteil, den Nutzen, das Wohlbefinden Ihrer Kinder richten. Dann kann es eigentlich schon gar nicht mehr richtig danebengehen.

Es bewährt sich aber dennoch, ein paar methodische Strukturen im Hinterkopf zu haben, die man bei Bedarf nach vorne holen kann. Bei allen Versuchen, den phantasiebegabten und kreativen Menschen ins Zentrum zu stellen, war es immer dienlich, bei methodischen Planungen die »verzögerte Reaktion« anzusteuern und dazu den Ablauf kreativer Prozesse zugrunde zu legen. So ein Prozeß durchläuft vier Phasen, die in einer logischen Abfolge stehen.

Problemphase
Es gibt ein Problem, das zu lösen ist. Es wird durch mich formuliert, ergibt sich durch verschobene Umwelttatbestände, oder die Kinder stoßen darauf. Das Gebiet ist dabei in keiner Weise festgelegt. Es kann im Sozialen liegen, im Künstlerischen, Planerischen, Kulinarischen, Motorischen, fast überall. Wir brauchen eine Lösung.

Suchphase
Die verzögerte Reaktion besteht nun darin, daß ich nicht sofort eine Lösung ansteuere (als Leiterin) oder auch die Kinder nicht vorschnell mit einem Einfall zufrieden sind, sondern daß eine intensive Suche beginnt. Hier wird erprobt und experimentiert, gefragt, hinterfragt, nachgeschaut usw.

Lösungsphase

Daraus ergeben sich Ein-fälle, Gedanken-
blitze, alles sehr plötzliche Vorgänge, kurz,
es kommen verschiedene Lösungen (oder
auch nur eine) zustande, die nun untersucht
werden auf Brauchbarkeit, ob und wie ich sie
in die Tat umsetzen könnte.

Verwirklichungsphase

Hier muß nun die ausgewählte Idee verwirk-
licht werden.

RETTET DIE SUCHPHASEN!

Plant geistige Abenteuerspielplätze
und laßt die Kinder nicht zu Statisten
in pädagogischen Hochhäusern
verkommen!

Ich befürchte, daß wir in unseren Planungen generell zu wenig Zeit für das Suchen
einplanen. Wir führen oft schon in die Lösung
hinein und betrügen im Grunde unsere Kinder um die Möglichkeit, ihre eigenen Ideen
zu entwickeln, mit Phantasie umzugehen

und zu ihren Lösungen zu finden. Kreativität heißt also auch noch »umgehen«.

Freilich ist es viel leichter, einfach Stoff zu vermitteln. Eine gerade Autobahn ist zwar ohne Hindernisse, die Reise ist aber langweilig. Und auf dem Weg, nicht auf der Autobahn, sind wir doch alle.

Meine Ergebnisse

Natürlich ist das oben beschriebene Osterkörbchen (vgl. Seite 131) genauso ein Ergebnis wie die genormte Laterne für den Martinsumzug. Ich nenne das etwas unhöflich die *Spanschachtelpädagogik.* Ich glaube, es ist deutlich geworden, daß man das alles ganz anders machen kann, phantastisch, einfalls- und abwechslungsreich, aber eben auch stur. Natürlich hat die Mutter an ihrem Ehrentag feuchte Augen, wenn sie die Spanschachtel geschenkt bekommt. Sie müßte nur enttäuscht sein, wenn sie die anderen sieht, die alle gleich oder sehr ähnlich aussehen. Dann ist das nicht die Leistung *ihres* Kindes und damit auch nicht ihr Geschenk, sondern die durch ihr Kind verwirklichte Vorstellung (wenn nicht sogar Arbeit) der Erzieher. Das können wir doch wohl nicht wollen.

Meine Ergebnisse sind oft nicht so leicht vorführbar, nur erlebbar. Die Frage ist nur, inwieweit es gelingt, die persönlichen Pläne mit Leben zu erfüllen. Natürlich werden die Kinder bei uns viel lernen, viel produzieren, schöne Bilder malen, Tänze lernen, Spiele erproben, Theater spielen, Freispiele entdecken. Vieles davon ist vorzuführen. Wir werden es mit Freude und Stolz tun, und die Freude wird sich übertragen.

Daneben gibt es aber die Ergebnisse, die man nicht auf einen Sockel stellen kann. Wenn sich ein Kind wohl fühlt; wenn es toleriert wird, angenommen mit seinen Eigenheiten; wenn es keine Animositäten gegen Ausländerkinder gibt, sondern sie als Bereicherung empfunden werden; wenn man Methoden kennt, mit extremen Gefühlen umzugehen und Konflikte abzubauen mit dem Ziel, miteinander auszukommen, sind das keine schlechten Ergebnisse.

Gute Vorsätze

Mehr hinhören.
Mehr Zeit verstreichen lassen vor der
  Reaktion.
Mehr achten und beachten.
Mehr beobachten.
Mehr lächeln und lachen.
Mehr be-greifen und dadurch verstehen.
Mehr singen und spielen.
Mehr wundern und bewundern.
Mehr führen und helfen als er-ziehen.
Mehr trösten und mitfühlen.
Mehr loben.
Mehr Zeit haben und Zeit lassen.
Mehr miteinander sprechen.
Mehr nachdenken.
Mehr Stille und Ruhe.
Mehr feiern.
Mehr miteinander leben.
Mehr zu-neigen.

Die Kindertagesstätte – mein Garten für Kinder

Früher konnte man deutlich unterscheiden: Das ist die Aufgabe der Eltern, das muß der Kindergarten übernehmen. Natürlich gab es Überschneidungen und ungenaue Grenzen. Das Hauptterrain aber war klar abgesteckt.

Das ist heute mit Sicherheit nicht mehr so. Viele alleinerziehende Mütter oder Väter, viele, die an der Armutsgrenze entlang vegetieren müssen, zahlreiche Arbeitslose, deren Selbstwertgefühl mehr als untergraben ist, immer mehr Eltern aus anderen Nationen, die Integrationsprobleme haben, und andere Eltern schaffen es aus unterschiedlichsten Gründen einfach nicht mehr, den Kindern eine sichere Heimat und ein behütetes Zuhause zu bieten. Sie sind überfordert, überzogen, vielleicht auch auf diese schwierige Aufgabe in der heutigen Zeit nicht genügend vorbereitet. Die Statistiken sind alarmierend. Den Ernst der Lage zeigen z.B. die vielen Kinder, die abgehetzt und ohne Frühstück in die Tagesstätte kommen.

Die armen Kinder

Viele sind zu stolz oder zu schüchtern, wenn nicht gar eingeschüchtert, um über solche Nöte zu sprechen. Sie schämen sich, haben Angst, in ein Mauerblümchendasein abgeschoben zu werden. Wir müssen das sehen, fühlen, mitbekommen.

Vor allem müssen wir die Kinder auffangen. Sie müssen wissen, daß wir sie wirklich mögen, daß wir sie an der Hand nehmen und ihnen Sicherheit bieten.

Die armen Erzieherinnen

Was sollen sie denn noch alles leisten? Und das für so viele unterschiedlichste Kinder.

Der große Pädagoge Hartmut von Hentig hat in seinem wichtigen Buch »Die Schule neu denken« die Aufgabe klar formuliert. Sie stellt sich für die Tagesstätten in verstärktem Maße: »Die Schule als Lebens- und Erfahrungsraum« muß wieder ein Ort werden, an dem man erfährt, daß man als Person in seiner Einmaligkeit mit seinen spezifischen Fähigkeiten wirklich gebraucht wird.

Hartmut von Hentig berichtet von einem Gespräch mit Joseph Weizenbaum, dem Computer-Professor aus Harvard, der ihn bedauerte, als er sich als »Lehrer« vorstellte. »Vor der Tür Ihrer Schule macht die Welt alles kaputt, was Sie drinnen mühsam den ganzen Vormittag aufgebaut haben. In meiner Stadt (Boston) versucht jedes fünfte Kind, jedes sechste umzubringen – bang, bang, bang –, denn so macht man das, so hat man das abends im TV gesehen, und jedes vierte Kind kommt bereits drogen-gefährdet auf die Welt, weil schon die Eltern Drogen nehmen. Da haben Sie mit Ihrer Erziehung doch keine Chance!«

Von Hentigs Antwort: »Das ist genau der Grund, warum ich Lehrer geworden bin. Als Schiffskapitän – das war mein Kindertraum – oder als Weltbankdirektor könnte ich nichts dagegen tun und auch nicht als Professor für Informatik ...!« Weizenbaum blickte freundlich auf und sagte: »Ja, wenn Sie wissen, wie man das macht ...« Von Hentig argumentierte eine Weile, dann sagte Weizenbaum: »Die Antwort hat mir gefallen, aber ich glaube nicht, daß das geht.« Von Hentigs abschließende Bemerkung: »Nun, ob es geht, wird man sehen, wenn man es versucht.«

Die Kindertagesstätte als Lebens- und Erfahrungsraum

Ob es geht, werden wir sehen, wenn wir es versuchen.

Die Kindertagesstätte als Biotop, was in der Bedeutung der griechischen Wortbestandteile nichts anderes meint als Ort (topos) des Lebens (bios). Schon deshalb mag ich das scheinbar altmodische Wort Kindergarten so gerne. Ein gepflegter Garten ist der Ort, wo die Pflanzen ihren Platz haben, wo sie gehegt und geschützt werden, wo sie wachsen dürfen, wie sie wachsen, und wo man sie so zueinandersetzt, daß sie sich gegenseitig nicht stören, sondern »befruchten«, helfen, ergänzen ...

Als Ausgangspunkt ist das eine tragfähige Überlegung. Erfahrungsraum heißt aber auch, daß man Dinge probiert, erlebt und damit umzugehen lernt, die man später

braucht. Im Grunde müßte sich ein funk-
tionierendes Gemeinwesen im kleinen hier
wiederfinden lassen. Das heißt:

Jedes Kind ist Teil der Gemeinschaft.
Jedes Kind wird in seiner Eigenart ernst
  genommen.
Die Meinung jedes Kindes ist wichtig.

Jedes Kind wird ermutigt sich zu äußern.

Jedes Kind ist Partner von jedem Kind.

Jedes Kind lernt Grenzen einhalten, die
durch den Bereich des anderen Kindes
gegeben sind.

Jedes Kind achtet das Anderssein.

Jedes Kind lernt, wie es zur Gemeinschaft
beitragen kann.

Jedes Kind findet Schutz von Schwächeren,
Hilfsbereitschaft und Trost selbstverständlich.

Jedes Kind teilt mit jedem Kind.

Jedes Kind ist neugierig auf Einfälle, Ideen
und Beiträge anderer Kinder.

Jedes Kind ist aufgefordert, zu Konflikt-
lösungen beizutragen.

Für jedes Kind sind Zusammenarbeit
und Zusammenhalten wichtiger als
Konkurrenz.

Und wir? Wir müßten in dieses Gefüge
»nur« eintauchen, es positiv verstärken, unterstützen, fördern und stabilisieren. Wir müssen wissen, welch schwierige Aufgabe wir hier
übernehmen. Geborgenheit und Sicherheit in

einer wohnlichen Umgebung zu bieten, ist heute schwerer denn je. Weil wir unsere Kinder lieben, werden wir es versuchen und schaffen. Und – es gibt ja auch noch Eltern, die uns dabei helfen können.

Erzieherin zu sein, das ist kein Job, das ist ein ausgewachsener Beruf. »Das ist genau der Grund, warum ich Erzieherin geworden bin.« Hoffentlich können trotzdem oder genau deshalb viele von Ihnen diesen Ausspruch einer Kollegin unterschreiben.

Der Sokratische Eid

Hartmut von Hentig schlägt vor, daß jede Lehrkraft, jede Erzieherin bei der Überreichung der Einstellungsurkunde freiwillig den Eid im Sinne des antiken Philosophen Sokrates sprechen sollte. Diese Einrichtung gibt es noch nicht, aber nichts hindert uns, für uns selbst die Verpflichtung zu übernehmen, ähnlich wie die Ärzte sich dem hippokratischen Eid verpflichtet fühlen:

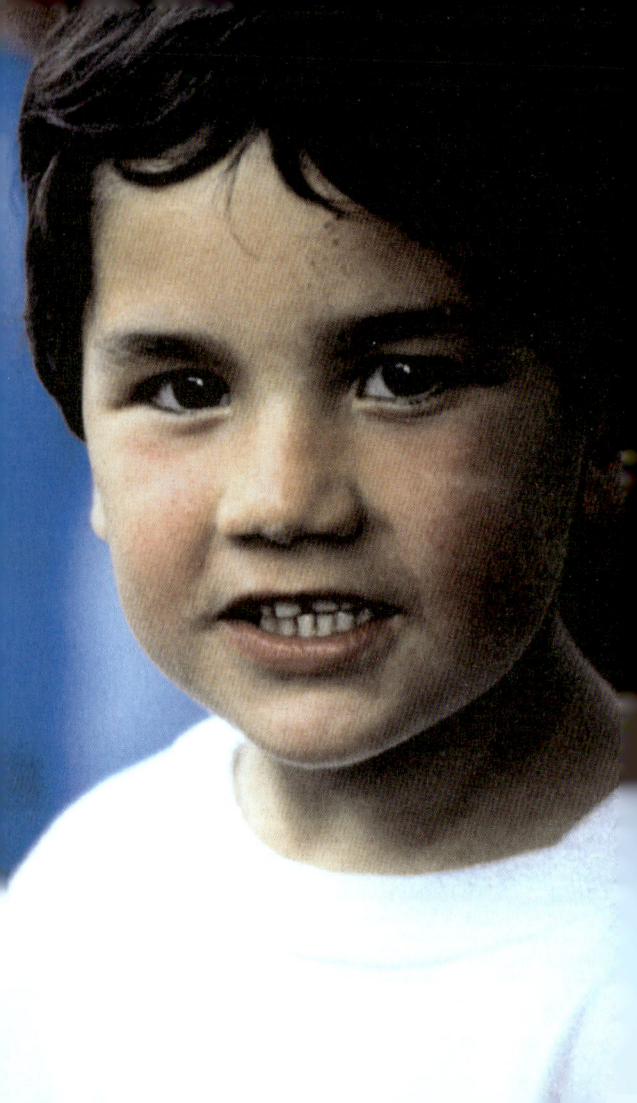

Als Lehrer und Erzieher verpflichte ich mich,

– *die Eigenart eines jeden Kindes zu achten und gegen jedermann zu verteidigen;*
– *für seine körperliche und seelische Unversehrtheit einzustehen;*
– *auf seine Regungen zu achten, ihm zuzuhören, es ernst zu nehmen;*
– *zu allem, was ich seiner Person antue, seine Zustimmung zu suchen, wie ich es bei einem Erwachsenen täte;*
– *das Gesetz seiner Entwicklung, soweit es erkennbar ist, zum Guten auszulegen und dem Kind zu ermöglichen, dieses Gesetz anzunehmen;*
– *seine Anlagen herauszufordern und zu fördern;*
– *seine Schwächen zu schützen, ihm bei der Überwindung von Angst und Schuld, Bosheit und Lüge, Zweifel und Mißtrauen, Wehleidigkeit und Selbstsucht beizustehen, wo es das braucht;*
– *seinen Willen nicht zu brechen – auch nicht, wo er unsinnig erscheint; ihm vielmehr dabei zu helfen, seinen Willen in die Herrschaft seiner Vernunft*

zu nehmen; es also den mündigen
Verstandesgebrauch und die Kunst der
Verständigung wie des Verstehens zu
lehren;

– es bereit zu machen, Verantwortung
in der Gemeinschaft und für diese zu
übernehmen;

– es die Welt erfahren zu lassen,
wie sie ist, ohne es der Welt zu unter-
werfen, wie sie ist;

– es erfahren zu lassen, was und wie das
gemeinte gute Leben ist;

– ihm eine Vision von der besseren Welt
zu geben und die Zuversicht, daß sie
erreichbar ist;

– es Wahrhaftigkeit zu lehren, nicht die
Wahrheit, denn »die ist bei Gott allein«.

Damit verpflichte ich mich auch,

– so gut ich kann, selber vorzuleben, wie
man mit den Schwierigkeiten, den
Anfechtungen und Chancen unserer Welt
und mit den eigenen immer begrenzten
Gaben, mit der eigenen immer gegebenen
Schuld zurechtkommt;

– nach meinen Kräften dafür zu sorgen,
   daß die kommende Generation eine Welt
   vorfindet, in der es sich zu leben lohnt
   und in der die ererbten Lasten und
   Schwierigkeiten nicht deren Ideen und
   Möglichkeiten erdrücken;
– meine Überzeugungen und Taten
   öffentlich zu begründen, mich der Kritik –
   insbesondere der Betroffenen und
   Sachkundigen – auszusetzen, meine
   Urteile gewissenhaft zu prüfen;
– mich dann jedoch allen Personen und
   Verhältnissen zu widersetzen – dem
   Druck der öffentlichen Meinung, dem
   Verbandsinteresse, dem Beamtenstatus,
   der Dienstvorschrift–, wenn diese meine
   hier bekundeten Vorsätze behindern.

*Ich bekräftige diese Verpflichtung durch die
Bereitschaft, mich jederzeit an den in ihr
enthaltenen Maßstäben messen zu lassen.*

Aus: Hartmut von Hentig, Die Schule neu denken,
© 1993 Carl Hanser Verlag, München–Wien, S. 250 f.

Haikus auf Janusz Korczak

den jüdisch-polnischen Arzt, Schriftsteller, Erzieher und Märtyrer (1878–1942), in Treblinka mit seinen Waisenkindern ermordet

von Jiro Kondo

Fliegt, Spatzen,
pfeift das Lied von Krochmalna.

Weinende Vögelchen,
aus dem Nest gefallen,
ich schaukle die Wiege für euch.

Aus Liebe ging ein Stern auf,
verglüht in der Warschauer Nacht.

Ghetto-Nacht,
kalt schallt das Echo der schwarzen Stiefel.

Allein mit Gott
im Feuer der sieben Flammen.

Weine, Wind,
in Treblinka sind Kinder gemordet.

Die Welt in meinem Raum

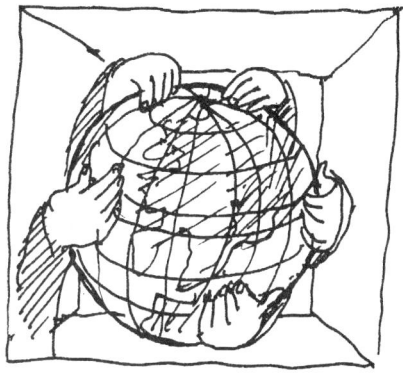

Immer wieder höre ich Klagen gestreßter Erzieherinnen, die darunter leiden, daß so viele Kinder ausländischer Eltern in ihrer (natürlich viel zu großen) Gruppe seien. Die unterschiedlichen Sprachen, Mentalitäten, Verhaltensweisen und Erwartungen machen die Arbeit schwierig. Auf jedes Kind mochte man eingehen, es wirklich verstehen lernen, ihm helfen sich zurechtzufinden. Dazu bräuchte man Zeit und Raum. Beides hat man zu wenig. Gerade die verantwortungsbewußten Erzieherinnen zerbrechen fast an diesem Dilemma. Sie kämpfen und rackern sich ab, eine Sisyphusarbeit. Der große Felsbrocken muß über sehr schwieriges Terrain bergauf gerollt werden ...

Dabei spiegelt das genau die Situation auf unserer kleinen, viel zu dicht besiedelten Erde. Wir sprechen heute so gerne von globalen Zusammenhängen. Hier werden sie konkret, zum Problem, zur Aufgabe.

Es gibt keine Ausländer, oder wir formulieren es wie Karl Valentin: »Wir alle sind Ausländer, fast überall.« Wir sind Mitglieder der »family of men«, der Familie der Menschen. Wir müssen lernen, miteinander zu leben, uns zu tolerieren und zu unterstützen. Wenn nicht hier, wo sonst? Wenn nicht jetzt, wann dann? Oder wollen wir vielleicht die geltenden Vorurteile übernehmen, die Ausländerfeindlichkeit, das Nationalbewußtsein als Basis einer Profitmaximierung? Gewiß werden wir mit Selbstbewußtsein unseren Beitrag zum internationalen Konzert spielen. Wir wissen aber auch, daß wir vieles lernen können und müssen, daß uns gerade ausländische Familien Hilfsbereitschaft, soziale Sensibilität, Urbanität vorleben, obwohl wir sie isolieren und ihnen mit nationalem Getrampel Angst und Schrecken einjagen.

Ich halte die vielen ausländischen Kinder für eine große Chance. Wir können die große Welt im kleinen erleben. Wir können Strategien einer humanen Menschheit entwickeln, in der alle ihren Platz haben, sich wohlfühlen können und angenommen sind. Das gilt für das Neben- und Miteinander der Nationalitäten und Religionen.

Uns Pädagogen wird hier viel abverlangt. Der Einsatz lohnt sich aber. Wir müssen viel lernen über die »anderen«, vieles erfragen, erlesen, erfahren (im Wortsinne). In der Zusammenarbeit mit den Eltern könnte das gelingen.

»Wenn du mit anderen ein Schiff bauen willst, so beginne nicht, mit ihnen Holz zu sammeln, sondern wecke in ihnen die Sehnsucht nach dem großen, weiten Meer« (Antoine de Saint-Exupéry). Wir brauchen die Vision der möglichen family of men, des möglichen Friedens und eines möglichen, menschenwürdigen Zusammenlebens.

Mir ist es wirklich völlig schleierhaft, wie die Politiker heute für Europa Holz sammeln, ohne die Sehnsucht nach dem großen weiten Meer genügend zu wecken. Europa über den Euro oder tausend Marktvorschriften zu erzwingen, ist sehr kurz gesprungen. Ist es nicht großartig, auf einem kleinen Erdteil wohnen zu dürfen mit so vielen Sprachen, Bräuchen, Gesinnungen, mit so vielerlei verschiedenen Menschen, die alle etwas beitragen können zur europäischen Symphonie? Mein verehrter Lehrer, Professor Dr. Romano Guardini, sagte 1962, als er den Erasmus-Preis in Brüssel erhielt: »Europa ist etwas Politisches, Wirtschaftliches, Technisches – vor allem aber eine Gesinnung. Dem Werden dieser Gesinnung stehen starke Hindernisse im Wege. In der primitiven Mentalität – die aber bis in unsere Gegenwart hineinwirkt – gilt die Formel: Das Andere, Fremde ist das Verkehrte, das Bedrohliche, ja das Feindliche... Die Formel erinnert uns daran, wie stark die Widerstände gegen solche Vorgänge wie die Bildung einer echten europäischen Gesinnung sind und wieviel noch geschehen muß.«

Die Erzieherinnen können aus der Zuneigung und Verantwortung ihren Kindern gegenüber mit viel Phantasie und Einsatz nachahmenswerte und tragfähige Modelle liefern dafür, daß Harmonien möglich sind, wenn die einzelnen sich zwar deutlich voneinander abheben, aber auch genügend Ähnlichkeiten vorhanden sind. Die Erziehung programmiert die Zukunft. Wir sind Erzieherinnen. Wir programmieren die Zukunft. Unsere Kinder sind unsere Zukunft.

Unsere Basisarbeit bildet das Fundament der Welt von morgen. Das wissen wir, deshalb können wir es auch mit der nötigen Schubkraft und einem starken Selbstbewußtsein vertreten.

Aber, wie gesagt, unsere Phantasie und Kreativität sind extrem gefordert. Unsere Jahres-, Monats- und Wochenpläne müssen durchforstet werden. Ist »die Welt als Lernziel« vorgesehen? Welche Rolle spielt ein lebendiges Europa?

Wie erfahren wir etwas über die anderen Religionen, die anderen Nationalitäten? Haben wir Bildmaterial, Musikkassetten, könnten wir Feste feiern? Können wir Lieder lernen, Speisen kochen (mit den Müttern), Tänze übernehmen? Können wir in den verschiedenen Sprachen grüßen, bitte und danke sagen? Usw.

Es gibt keine Grenzen. Ziel ist eine humane Welt aus Sorge um die Menschlichkeit. Ideologien müssen entlarvt, unterlaufen und durch das reale Leben ersetzt werden. Aggression muß zur Fried-fertigkeit werden.

»Sein ist ein Zeitwort, Existieren ist ein Akt; als Mensch da zu sein, ist eine Leistung. Diese Leistung schließt das Moment des Macht-Habens, der Macht-Übung, der Macht-Verantwortung in sich ...« (Romano Guardini).

Wir werden viel Mut brauchen und innere Überzeugung. Die Aufgabe stellt sich aber nicht nur für unsere Pädagogik. Sie stellt sich auch für uns persönlich. Wir haben es in der Hand.

Und unsere Kinder sind es wert, daß wir für ihre Zukunft kämpfen.

Wann feiern die Religionen?

Christentum (Ch) – Evangelisch (E), Katholisch (K), Orthodox (O) –, Islam (I), Judentum (J), Hinduismus (H), Buddhismus (B). Vom Ostertermin – jeweils am ersten Sonntag nach dem ersten Frühlingsvollmond – abhängige christliche Festtage sind mit einem * gekennzeichnet.

Wegen der unterschiedlichen Kalenderregelungen in den einzelnen Religionen und Kulturen kann hier nur eine allgemeine und ungefähre Kurzübersicht gegeben werden ohne exakte Datierungen. Diese können für jedes Jahr eigens bei den Religionsgemeinschaften bzw. bei Angehörigen betreffender Gruppenkinder erfragt werden. Ein daraus entstehender konkreter Jahres-Festkalender erlaubt es, ggfs. zumindest auf die großen Feste anderer Religionen (was wird tatsächlich gefeiert?) wenigstens kurz einzugehen, damit für entsprechende Kinder ein solches Fest auch im Kindergarten nicht nur Alltag bleibt.

Januar

01. Neujahr (Ch).
06. Erscheinung des Herrn, Dreikönig (K) / Epiphanias (E), Weihnachten (O).
Saraswati-Tag (H). Göttin der Weisheit und der schönen Künste.

Lailat al-Quadr (I). Nacht der Bestimmung.

Februar
02. Darstellung des Herrn, Mariä Lichtmeß (K/O).
Ramadan-Beginn: Fastenzeit (I).
Aschermittwoch, Beginn der Fastenzeit (Ch).*
Losar, (tibetisches) Neujahrsfest (B).

März
Purim (J). Karnevalsfest. Erinnerung an die Errettung durch Esther im Perserreich.
Maka Shivaratri (H). Fest des Shiva.
Vesakh (B). Tag der Opfergaben.
Id al-Fitr (I). Ende der Ramadan-Fastenzeit.
Holi (H). Neujahrs-, Frühlings- und Fruchtbarkeitsfest.
Karwoche: Palmsonntag, Gründonnerstag, Karfreitag (Ch).*

April
Ostern (Ch).*
Lambri (O). Ostern in Griechenland.
Pessach (J). Achttägiges Frühlingsfest zur Erinnerung an den Auszug aus Ägypten.
Hanamasuki (B). Geburtstag Buddhas.

Shoa (J). Holocaust-Gedenktag.
Midorinotti (B). Geburtstag des Kaisers
Showa-Tenno. Tag zur Achtung der Natur
und Umwelt.

Mai
Unabhängigkeitstag (J).
Christi Himmelfahrt (Ch).*
Pooram (H). Tempelfest.
Id al-Adha (I). Dreitägiges Opferfest am
Ende der Pilgerfahrt. Erinnerung an Abra-
ham und Isaak.
Wochenfest (J): 7 x 7 Tage nach Pessach.
Erinnerung an die Offenbarung auf dem
Berg Sinai (Gesetzestafeln des Mose).
Pfingsten (Ch).*
Buddha Purmina (B). Erinnerung an Gebet
und Erleuchtung Buddhas.

Juni
Fronlcichnam (K).*
1. Muharram (I). Islamisches Neues Jahr.
Ashura (I). 10. Muharram. Tag der Kinder.
Martyrium des Propheten Husain.
24. Johannistag (Ch).

Juli
O-Bon (B). Laternenfest.
Geburtstag des Propheten (I).

August
Tag des Rades der Lehre (B).
15. Mariä Himmelfahrt (K/O).
Jammashtami (H). Geburtstag des Gottes
Krishna.

September
Neujahr (J). Beginn der zehntägigen Bußzeit.
08. Mariä Geburt (K/O).
Versöhnungstag (J). Ende der Bußzeit.
Mondfest (B).
29. Michaelis (E). Michael, Gabriel, Rafael (K).

Oktober
Erntedankfest (Ch).
Laubhüttenfest (J). Erntedankfest. Eine
Woche später Schlußfest.
Tag der Gesetzesfreude (J).
Nawratri oder durgapuja (H). Am Ende der
lebenswichtigen Regenzeit als Huldigung
an die Muttergöttin shakti.
31. Reformationstag (E).

November
01./02. Allerheiligen/Allerseelen (K).
Dipavali (H). Fest der Lampen. Lakshmi, der Göttin des Glücks gewidmet.
11. St. Martin (Ch). Früher auch letzter Tag vor der vorweihnachtlichen Fastenzeit, daher heute noch „Faschingsbeginn".
Buß- und Bettag (E).
Lailat al-Miradj (I). Mohammeds Himmelfahrt.
Erster Advent (Ch). Vierter Sonntag vor Weihnachten.

Dezember
Zweiter bis vierter Adventssonntag (Ch).
06. St. Nikolaus (Ch).
Lailat al-Baráal (I). Nacht der Vergebung.
Chanukka (J). Achttägiges Lichterfest. Wintersonnwende.
24. Heiliger Abend (Ch).
25./26. Weihnachten (Ch).
31. Silvester/Jahreswende (Ch).

Sisyphos

Sisyphos war der Sage nach der Gründer von Korinth. Und ein Schelm. Es gelang ihm eine Zeitlang, den Tod zu fesseln; sogar aus der Unterwelt ist er wieder entwischt.

Zur Strafe mußte er einen schweren Felsblock einen hohen Berg hinaufrollen. Wenn er auf dem Gipfel angekommen war, rollte der Felsblock jeweils nach der anderen Seite wieder hinunter. So mußte er die Arbeit immer wieder von vorne beginnen. Tag für Tag, Jahr für Jahr. Er wurde zur Symbolfigur für absurde Tätigkeiten.

Es ist eine Frage der Perspektive, wie man diese Situation beurteilt. Die Bereitschaft, diese Aufgaben ernst zu nehmen und immer wieder von vorne zu beginnen, kann große innere Freiheitsräume schaffen.

»Der Kampf gegen den Gipfel vermag ein Menschenherz auszufüllen. Wir müssen uns Sisyphos als einen glücklichen Menschen vorstellen.« (Albert Camus, Der Mythos des Sisyphos, rde, Bd. 90).

Führt eure Steckenpferde aus dem Stall

Ein Steckenpferd ist ein ganz besonderes Tier, edel und anspruchsvoll, sensibel und verletzbar. Es erwartet schon Hege und Pflege, sonst ist es schnell beleidigt und verstimmt. Und eifersüchtig ist es auch – ein echtes vornehmes Musenroß eben.

Hat es aber das Gefühl, daß man es ernst nimmt, zieht es mit einem durch dick und dünn, trägt einen sogar, wenn man schlapp macht oder müde wird, und das alles mit einer sonderbaren Anatomie: Kopf mit Stecken, im

Luxusfall mit einem oder zwei kleinen Rädern als Lauferleichterung.

Wer kein Steckenpferd sein eigen nennt, ist arm dran. Er ist wie ein Wanderer, der sich in der Sonnenglut durch die Wüste schleppt, in der es keine Oase gibt. Diese Menschen gehen vor lauter Pflichtgefühl in ihrem Arbeitsleben auf – oder besser: unter!? –, kultivieren das Helfersyndrom, sind von schlechtestem Gewissen geplagt, wenn sie einfach Zeit für sich verwenden. Sie leiden unter einem Alptraum: Was ist, wenn das alles nicht mehr ist? Wenn ich in Pension gehe (gehen muß?), ein Leben ohne Dienstbeginn und -ende, ohne Sitzungen führen muß?

Wie fein sind da die anderen heraus, die sammeln, lesen, musizieren, garteln, wandern, kochen, essen und trinken, Freunde einladen, in Ausstellungen eilen, Orchideen züchten, Natur beobachten ... Lauter besessene Reiter, die wissen, wie wichtig schöpferische Pausen sind, Rhythmen, die die Lust am Leben – und an der Arbeit erhalten.

Ein Steckenpferd läßt die noch so geliebte Arbeit nie ganz zum Zentrum werden. Es

zwängt sich dazwischen und fordert seinen Raum. Pflicht und Hobby haben mit etwas Zeitdisziplin nebeneinander Platz.

Das Steckenpferd stimmt seine Reiterin fröhlich. Die Arbeit fällt ihr dann leichter, und die ihr anvertrauten Kinder werden zum Spiegel der eigenen Stimmung. Man lacht viel und hat viel Spaß miteinander.

Steckenpferde brauchen Auslauf, Spielwiesen zum Toben, Erholen und Nachdenken. Sie sind »von dem großen Glück, das man nie so ganz haben kann, ein ganz kleines Stück« (Helmut Zöpfl). Aber solche Stücke gibt es in vielfacher Ausprägung:

Die Familie

Ich habe selten Erzieherinnen getroffen, die kein Hobby hatten. Für manche ist das Daheim zum Hobby geworden. »Meine Familie«, »mein Kind«, »mein Mann« erfüllen mich ganz. Man geht zufrieden in der Aufgabe auf. Auch Haustiere können zum Steckenpferd werden. »Ich gehe leidenschaftlich gerne mit meinem Hund spazieren, renne, tobe mit ihm ...«

Die Freunde

Viele Erzieherinnen treffen sich regelmäßig mit Freundinnen und Freunden. Man sitzt gemütlich beieinander, plauscht, ratscht, redet und führt auch tiefsinnige Gespräche. Man unternimmt etwas zusammen, und schon ist der triste Alltag in weite Ferne gerückt. Am nächsten Morgen ist man unter Umständen ein wenig müde, das Gefühl aber, daß es einfach schön war am Vorabend, läßt einen mit Schwung neu beginnen.

Bewegung

Erzieherinnen sind nicht umzubringen. Nach einem Tag voller Anspannung haben viele immer noch Kraft, wirklich hart Sport zu treiben. Es war zum Teil atemberaubend, von welchen Touren und Torturen da berichtet wurde. Die Anstrengung schuf offenbar neue Kräfte. Ich war schon ganz »dankbar«, daß sich viele auch mit Wandern und ausgiebigen Spaziergängen zufrieden gaben.

Die Küche
Wer einmal am eigenen Leib erfahren will, wie schnell man Hunger bekommen kann, selbst wenn man gerade vom Essen kommt, muß sich von Erzieherinnen, die gerne kochen, berichten lassen, welche Kunstwerke bei ihnen am Herd entstehen. Da wird gesotten und gebraten, gegart und geköchelt, daß alle Küchenheiligen, auch San Cucino, ihre helle Freude hätten und wohlgefällig ihren Segen erteilen würden. Da entstehen Süßspeisen, Kuchen und Torten, die für Königshäuser einen Luxus bedeuten würden. Die Tische werden dekoriert und die Gäste einfach verwöhnt nach Strich und Faden. Die Augen strahlen und flackern »gefährlich«. Gast sollte man sein ...

Die Künste

Sehr viele Kolleginnen haben sich die Künste zu Freunden gemacht. Da wird gemalt, gezeichnet, gedruckt, was das Zeug hält, mit erstaunlicher Professionalität. Es entstehen Tonplastiken oder -gefäße, an der Scheibe oder im freien Aufbau. Es wachsen Patchworkarbeiten, Häkel- und Stickgebilde, die in ersten Modegeschäften eine Zier wären. Es werden Theaterstücke geschrieben, es wird geschauspielert ... Flöten, Geigen, Cellos, Gitarren, Klaviere und Orgeln werden geblasen, gestrichen, gezupft und gespielt, man tritt in Musikkapellen auf, singt allein, im Duett, im Viergesang oder im Chor – es ist eine helle Freude.

Eine Erzieherin sagte den nur scheinbar paradoxen Satz: »Mein eigentliches Leben beginnt in der Früh im Dienst und abends nach Dienstschluß.« Ich glaube, wir verstehen alle, was sie meint.

Bücher

Bücher sind Freunde für jede Lebenslage, für jede Stimmung. Es wird viel gelesen von

Erzieherinnen. Sie lieben die Phantasiege-
bilde und Verdichtungen, die wie der Geist
aus der Flasche auftauchen, wenn man die
beiden Buchdeckel auseinanderklappt. Die
Spannung kann einen elektrisieren. Man
wacht auf, wird lebendig und ist immer wieder von neuem erstaunt, was man sich alles
vorstellen und ausdenken kann.

Manche schreiben eigene Texte, versuchen
mit Sprache zu gestalten oder einfach zu
dokumentieren. Lange Briefe entstehen,
selbst solche, die man dann gar nicht weg-
schickt. Ich habe wunderschöne Gedichte von
Erzieherinnen gelesen, die davon zeugten,
daß die Verfasserin mit Sprache umgehen,
Worte einsetzen, zu vokalen Klängen oder
Rhythmen zusammensetzen kann.

»Ich habe begonnen zu schreiben, um zu
versuchen, die Dinge aufzuhalten, die sich
entwickelten und wegrutschten wie Wolken
am Himmel.«   *Anna Maria Ortese*

Faul sein

Manche suchen auch ein echtes Kontrast-
programm. Sie wollen einfach einmal trödeln,

faul sein, nichts denken, nichts tun. Am Anfang ist das sehr schwer. Man sitzt auf einer Sprungfeder. Es braucht einige Zeit, sich darüber »hinwegzusetzen«. Alles wird schwer, versinkt, man entspannt, wird selber leicht, schmerz- und zeitlos – im Grunde die ideale Voraussetzung für Meditation und Stille. Genauso ist es auch von vielen Kolleginnen gemeint. Und fast alle versicherten, daß sie es immer wieder von neuem üben und fast lernen müssen.

Die Natur

»Willst du eine Stunde glücklich sein, betrinke dich. Willst du ein Jahr glücklich sein, heirate. Willst du ein Leben lang glücklich sein, leg einen Garten an«, sagen die Japaner.

Ich möchte nur auf den dritten Satz, den wir schon kennengelernt haben, etwas näher eingehen ... Der direkte Kontakt mit der Natur versetzt einen in länger schwingende Zeitläufe. Hektik gibt es da nicht. Vielleicht beim Schwammerlsuchen, wenn plötzlich ein riesiger Steinpilz vor einem steht und noch ein Pilzsucher. Naturbeobachtung setzt Ruhe und Warten-Können voraus. Die Pflege einer Pflanze braucht Einfühlungsvermögen und Liebe. Man kann mit Pflanzen und Bäumen reden. Sie antworten ... Ich war oft gerührt, mit welcher Anteilnahme Erzieherinnen von ihrem Garten erzählten, vom Baum, der sich nach dem kalten Winter doch wieder erholt hat, vom Kräutergarten, der nach einem Klosterplan angelegt worden war, von den Blumen, die jeweils zu ihrer Zeit blühten, von den Vögeln und Schmetterlingen. Es war fast unglaublich, daß diese Erzieherinnen kurz vorher noch im Gewurle der Kinder, Kolleginnen und Eltern gestanden hatten. Sie waren heimgekehrt, zu sich.

Rhythmus

Bei allen Gesprächen über dieses Thema der seelischen Balance, der Hygiene im inneren Haushalt und des Loslassens, Freiwerdens, Sich-wieder-Findens war immer klar, wie wichtig der Rhythmus war. Ein- und ausatmen, ausspannen und loslassen ...

Mir fiel oft ein Erlebnis ein, das ich als ganz junger Lehrer hatte. Meine allererste Stelle als

Referendar war in einer Klosterschule. Wir waren nur drei Laienlehrer und wohnten im Klostertrakt mit Klausurschlüssel. Die Disziplin und Frömmigkeit der Mönche beeindruckten mich so sehr, daß ich mich entschloß, während der Fastenzeit ein wenig mitzumachen. Ich rauchte damals noch gerne Pfeife. Das wollte ich während der Fastenzeit aufgeben. Ich stellte Pfeife und Tabaksdose auf das Bücherbord.

Damals besuchte mich oft der alte Pater Witgar, ein begeisterter Pfeifenraucher. Er schnupperte immer verdächtig um die Tabaksdose herum. Schließlich fragte er, warum ich nicht rauchte. Ich erklärte es ihm etwas verlegen. Er fand das löblich. Eine Woche später kam er wieder, hielt seine Nase wieder auffallend dicht an die Dose und fragte, warum ich sie noch nicht benützt hätte. Etwas ungeduldig erklärte ich es noch einmal. »Ja«, sagte er, »aber inzwischen war doch Sonntag!« – »Ja, Sonntag während der Fastenzeit!« meinte ich etwas überheblich. Da war ich aber an den Richtigen geraten. »Du bist ein Trottel«, sagte er (er sagte das wirklich). »Du hast nichts begriffen. Wenn du immer gleichbleibend nicht rauchst, fängst du an zu leiden, wirst langsam grantig und mürrisch. Meinst du, das imponiert dem lieben Gott? Blöd findet er das! Du brauchst einen Rhythmus. Am Sonntag mußt du rauchen, damit du während der Wochen weißt, was du vermißt, und damit du fröhlich fasten kannst! Das gefällt dem lieben Gott!« So rauchte ich – in Gottes Namen – am Sonntag eine Pfeife, und das mit Genuß. Pater Witgar war auch dabei. Er brauchte seinen Rhythmus ...

In diesem Sinne sollten wir unsere Steckenpferde füttern, bürsten und striegeln. Der nächste Sonntag kommt bestimmt, und während der Woche sind wir vielleicht etwas fröhlicher. Den Fehler sollten wir aber nicht machen, daß wir erwarten, irgend jemand würde uns den Gaul aus dem Stall holen. Das müssen wir schon selber tun.

Es geht nicht ohne politischen Einsatz

Der Kindergarten ist kein bewahrender, elfenbeinerner Turm, aus dem die Welt ausgeklammert wird, um die Kinder im windstillen, musischen Winkel nicht zu gefährden. Natürlich müssen wir die Kinder beschützen, sie lehren, Gefahren zu beachten und damit umzugehen. Natürlich brauchen sie die Heimat, in der sie noch Kinder sein dürfen. Dafür müssen wir eintreten und uns schützend davor stellen.

Es gibt aber ein politisches Pflaster, dem wir nicht ausweichen dürfen, wo man die Stimme erheben, kämpfen und demonstrieren und, wenn nötig, durch seine Stimmabgabe Politiker unterstützen muß, die auf unserer, d.h. auf der Seite der Kinder, ihrer Belange und ihrer Zukunft stehen

Im Frühjahr 1998 ging die Nachricht durch den Äther, daß in Deutschland $2^1/_2$ Millionen Menschen von der Sozialhilfe leben und daß es ca. 2 Millionen verdeckte Arme gibt, die zu stolz sind, sich zu deklarieren. Das heißt, daß in einem so reichen Land wie Deutschland 4 ½ Millionen Menschen an der Armutsgrenze oder darunter dahinvegetieren, Tendenz zunehmend.

Davon sind eine Million Kinder betroffen!

Da kann man nicht mehr schweigen. Wenn wir uns und unsere Tätigkeit ernst nehmen, müssen wir politisch handeln. Das gilt aber auch für unsere Arbeitsbedingungen. Die Gruppen werden wieder größer, obwohl jeder weiß, daß sie zugleich immer schwieriger, gefährdeter werden. Gelder werden gestrichen. Man erwartet von der Erzieherin heute »managing« und Suchen nach »sponsoring«. Die Arbeitszeiten werden verlängert. »Offiziell« wird niemand den Bildungs- und Erziehungsauftrag der Kindertagesstätten bestreiten, aber außer Worten wird wenig konkret. Wer tut wirklich etwas dafür, daß dieser Auftrag erfüllt werden kann, und zwar angemessen? Was sind dem Staat die Kinder wirklich wert? Wieviel investiert er in ihre Zukunft? Wo sind die Zuschüsse, die jedem Kind ein menschenwürdiges und sozial vertretbares Aufwachsen sichern? Was unseren Kindern hinterlassen wird, ist ein Berg Schulden, an denen auch ihre Kinder noch abzahlen werden, verbrauchte Ressourcen, eine Welt voller Drogen und Alkoholexzesse, voller Brutalität und Gewalt. Wer wirft dieses Ruder herum?

Wie schätzt diese Gesellschaft die so außerordentlich wichtige und grundlegende Tätigkeit der Erzieherin ein? Welchen sozialen Stand hat sie, wie wird sie bezahlt?

Wir müssen handeln!

Damit die Tätigkeiten in dem Sinne, in dem sie in diesem Buch beschrieben wurden, möglich werden oder bleiben, ist politischer Kampf unerläßlich.

Seid mutig, seid aufmüpfig, widerborstig, zielstrebig. Erzieherinnen, vereinigt euch, organisiert euch, vertretet eure Auffassungen und laßt euch nichts gefallen!

Wir alle müssen kämpfen für unsere Kinder!

Lieber Gott, ich brauche deine Hilfe

Gib mir die Geduld und Kraft, jedes Kind in seiner Eigenart anzunehmen und zu achten.

Gib mir genügend Einfälle, eine Umgebung zu gestalten, in der sich meine Kinder wohlfühlen.

Gib mir die Ausdauer, meine Kinder zu einer Familie zusammenzuführen, in der jedes Mitglied wichtig ist und seinen Beitrag leisten kann.

Gib mir die Einsicht, die Kinder so stark zu machen, daß sie ihre eigenen Ideen entwickeln und in die Tat umsetzen können.

Hilf mir, daß ich zur rechten Zeit da bin, wenn ein Kind mich braucht.

Hindere mich bitte, Macht auszuüben, und gib mir genügend Demut, mich zu entschuldigen, wenn ich ein Kind ungerecht behandelt habe.

Hilf mir, Vorbild zu sein für Toleranz, für den Schutz der Schwächeren und im Trösten trauriger Kinder.

Unterstütze mich bitte in dem Bemühen,

die große Welt leb- und erlebbar in unsere kleine Welt zu holen.

Gib, daß ich den Kindern gegenüber nur eine Sprache benütze, die sie auch mir gegenüber benützen können.

Zeig mir immer wieder, daß auch ich auf dem Weg bin und noch viel lernen muß.

Laß mich nicht vergessen, daß nur Lachen und Fröhlichkeit, Zuversicht und Optimismus Veränderungen ohne Verkrampfung herbeiführen können.

Gib, daß ich die Vision einer besseren Zukunft meiner Kinder nicht vergesse.

Unterstütze mich bitte, wenn ich gehemmt und mutlos bin, mich mit Nachdruck vor die Kinder und ihre Rechte zu stellen und politisch zu handeln, um durchzusetzen, was für die Kinder nötig ist.

Lieber Gott, dazu brauche ich deine Hilfe. Danke!